luang prabang Uma estupa aponta para o céu na cidade mais sagrada do Laos

mongólia No vale do Orkhon, o telhado de um templo budista sobrevive aos séculos

TIMBUKTU Do topo do minarete de barro, o alto-falante chama os muçulmanos para oração

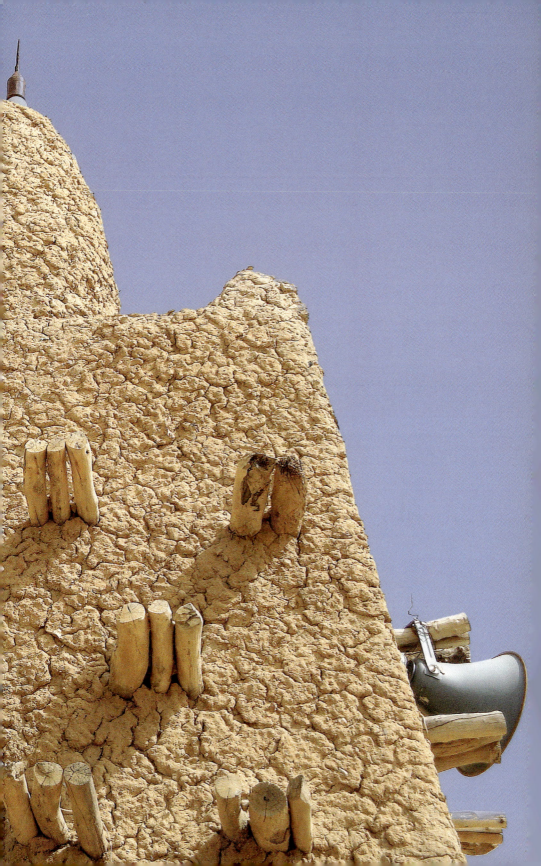

para Gabriela, Veridiana, Wanda e Maria Inês – entre tantas mulheres responsáveis er vindo ao mundo (e ter dado tantas voltas nele), as quatro que conheci, amei e amo.

um dos mais de 30 templos de Luang Prabang, no Laos

isso aqui é
seu!
a volta ao mundo por
patrimônios da humanidade

zeca camargo

   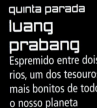

quarta parada
baku
Uma antiga cidade no Azerbaijão luta para recuperar seu passado de riquezas
112

quinta parada
luang prabang
Espremido entre dois rios, um dos tesouros mais bonitos de todo o nosso planeta
142

primeira parada
timbuktu
Vamos cruzar o Mali de carro até as portas do Saara para jantar com os tuaregues
22

terceira parada
kosovo
Igrejas ortodoxas ameaçadas de desaparecer por uma disputa religiosa
80

segunda parada
tanzânia
Se Zanzibar já inspira histórias, prepare-se para conhecer Kilwa e Songo M'nara
52

sumário

sexta parada
borobodur
O maior templo budista do mundo, no país com a maior população muçulmana
174

sétima parada
vale do orkhon
Uma cultura na Mongólia que mudou muito pouco nos últimos dois mil anos
206

oitava parada
sgang gwaii
Tradições dos índios norte-americanos recuperadas no oeste do Canadá
244

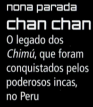

nona parada
chan chan
O legado dos *Chimú*, que foram conquistados pelos poderosos incas, no Peru
282

décima parada
sewell
A mais de 2.000 metros de altura, uma cidade mineradora fez história no Chile
304

Duas meninas numa rua da cidade antiga de Zanzibar

uma é pouco. duas

POR QUE DAR OUTRA VOLTA AO MUNDO? Uma já não estava bom? Que ambição – não, ambição é forte demais... Que impulso – não, impulso também não serve, parece inconsequente demais... Que curiosidade – isso, curiosidade é bom – me faz buscar energias, ideias, recursos e entusiasmo para um projeto que aparentemente parece se encerrar em tão pouco tempo?

Já explico melhor que curiosidade é essa, mas antes permitam-me explicar o uso da palavra "aparentemente" na frase anterior. Quando falamos de uma volta ao mundo, a expressão esconde uma incompletude que nem percebemos – e é fácil entender por quê. Ao ouvir "volta ao mundo", imaginamos que quem empreendeu tal aventura passou por todos os cantos da Terra. Mas não é isso.

Vamos tomar como exemplo o livro de Júlio Verne, *A volta ao mundo em oitenta dias*. O período em que o trajeto foi realizado não deixa dúvidas – ainda que uma certa imprecisão provocada pela Linha Internacional de Data tenha quase derrubado todo o projeto. Mas, a você que não leu o livro, eu pergunto: por quantos países você imagina que o herói de Júlio

Verne passou? Mesmo você, que talvez já o tenha lido "em algum lugar do passado", lembra-se quantas eram as escalas? Sete.

Sim, sete – oito, se incluirmos o ponto de partida e chegada, que era a capital inglesa, Londres. Eram elas: Suez (Egito); Bombaim (hoje Mumbai) e Calcutá (hoje Kolkata), ambas na Índia; Hong Kong (na China, mas ainda sob administração inglesa); Yokohama (Japão); São Francisco e Nova York (ambas nos Estados Unidos). Uma volta ao mundo em oitenta dias – e sete escalas! Apesar de sua astúcia e coragem, não se pode dizer que Phileas Fogg conheceu o mundo inteiro.

Até a primeira "volta ao mundo" do *Fantástico*, em 2004, passou por mais países que a famosa aventura "verniana". Foram dezoito

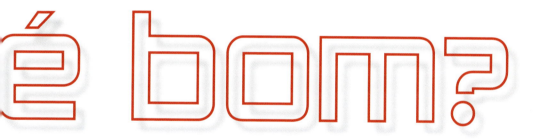

reportagens em dezessete países (duas etapas na Grécia, onde se realizavam as Olimpíadas) – sem contar as conexões aéreas e os países usados como base de produção, já que a complicada logística de uma viagem em que o público decidia qual seria a próxima parada nos obrigou a passar dias (e noites) em cidades que mal foram representadas na série, como Bangcoc (Tailândia), Kiev (Ucrânia) e Londres.

Assim, eu sabia que uma jornada como essa não é sinônimo de abrangência global total. Embora esse número esteja sempre mudando, podemos afirmar com certa segurança que, hoje, no início de 2009, o planeta está dividido em 195 países. Conheço 81 países – contando o Brasil (e dando uma "roubadinha", já que visitei, em 1986, um país que não existe mais, a Alemanha Oriental). Ou seja, nem metade deles... Longe, porém, de ser um fator de desestímulo, essa foi justamente uma das razões que me fez querer dar outra volta ao mundo: a possibilidade de explorar novos territórios!

A ideia de uma nova reportagem que envolvesse uma volta ao mundo começou a ser discutida assim que a primeira, de 2004, terminou. Diante da repercussão da série junto ao público, seria natural repetir a dose – mas não exatamente como da primeira vez.

Naquela empreitada, quando o maior desafio era chegar a um lugar sem nenhuma pré-produção, fazer a reportagem e enviá-la (pela internet!) para ser exibida no domingo seguinte, deixamos de fora metade dos países que pretendíamos visitar. Naturalmente, como a escolha era do público, as opções não votadas não foram objeto de reportagem (Islândia, Bulgária, Ucrânia, para citar apenas algumas).

Seria o caso de oferecer uma "volta ao mundo alternativa" pelos países que, mesmo não sendo os escolhidos, tinham recebido uma votação significativa? Ou deveríamos procurar outra abordagem? Percorrer países em conflito? Seguir o caminho de Marco Polo? Acompanhar as grandes migrações humanas? Ou, quem sabe, dar uma volta ao mundo pelos patrimônios da humanidade? Adivinhe qual foi a ideia vencedora...

Na lista da UNESCO, que inclui monumentos e riquezas naturais e culturais de nosso planeta, encontramos a fonte de inspiração. Ali estava o esboço de uma viagem que nem precisaria contar com o aval da

Nossa equipe, no alto de Luang Prabang

audiência (um dos fatores de sucesso da primeira série), já que o nome da UNESCO lhe emprestava a seriedade necessária. Decidimos investir nessa ideia, entusiasmados pelo retorno positivo da própria UNESCO.

Foi então que, diante da grandeza da seleção, encontramos um obstáculo: entre aquelas centenas de patrimônios, como escolher apenas dez? (Por que dez? Por uma questão de produção, decidimos não exibir a viagem em "tempo real" e gravar tudo com imagens em alta definição, numa viagem corrida, e voltar com todo o material para o Brasil para uma edição mais caprichada.)

A chave nos foi oferecida por um dos objetivos por trás dos critérios da própria UNESCO (assinalados na página inicial de cada capítulo) para escolher os marcos culturais que fazem parte da respeitada relação: a diversidade. Queríamos mostrar, em dez escalas, a riqueza da expressão humana, assim como as belezas naturais do nosso planeta – dois fatores que definem, em última análise, nossa cultura.

Ah, claro! Também queríamos passar pelos cinco continentes. E não repetir lugares que visitamos na viagem anterior (Monte Albán, por exemplo, nossa primeira escala em 2004, em Oaxaca, México, é patrimônio desde 1987; Kandy, no Sri Lanka, está na lista desde 1988), nem lugares que o *Fantástico* já havia visitado – e bem! –, como as pirâmides do Egito, ou Machu Picchu, no Peru. E ainda queríamos mostrar bons exemplos de preservação, bem como patrimônios ameaçados – seja por uma causa natural ou pela ação do homem. Fácil, não?

A escolha dos lugares, porém, talvez tenha sido a mais simples das tarefas... Como sempre, a logística de um roteiro ambicioso como esse acabou

Os três aventureiros em ação: Lúcio a caminho de Timbuktu (à esquerda); Ian no meio da estrada na Mongólia (no centro); Zeca numa escola em Luang Prabang (à direita)

dando bastante trabalho. Da ideia inicial até a primeira viagem, foram quase dois anos de idas e vindas – sem sair do Brasil! Foram várias reuniões com a UNESCO (para a escolha dos lugares e uma compreensão maior do que eram esses patrimônios); várias reuniões no *Fantástico* (sobretudo para adequar o projeto ao nosso orçamento); e inúmeras reuniões da nossa "pequena" equipe para decidir centenas de detalhes.

Até que em junho do ano passado partimos para a primeira etapa da viagem (Peru e Chile). Por uma questão também de logística e de datas, tivemos de dividir a jornada em duas etapas – a "sul-americana" e a do "resto do mundo". Essa segunda perna aconteceria meses depois, entre setembro e outubro de 2008. No total, viajamos durante seis semanas – bastante intensas, posso garantir.

Dessa vez não seríamos apenas dois. Além de mim e do Lúcio, que continuaria encarregado das imagens de altíssima qualidade, contaríamos com o Ian, que já tinha anos de experiência em projetos especiais no *Fantástico* (como o quadro "Retrato Falado", para citar apenas um) e muito tempo antes já iniciara conversas com a UNESCO para que pudéssemos desenvolver um trabalho com moradores dos locais que estivéssemos visitando.

A proposta, desde o início, não foi apenas mostrar "cartões-postais" – belas imagens de cada monumento, de cada lugar. Queríamos avançar e contar a história daquela cultura através das pessoas que ali viviam. O que aquele patrimônio da humanidade significava para elas? Como elas se relacionavam com o passado de sua cultura? E com a preservação dela? Que pontos de identificação poderíamos encontrar entre essas histórias pessoais e a dos milhões de telespectadores que estariam nos acompanhando? Como aproximar esses povos?

Não foi à toa que chamamos a série de "Isso aqui é seu". Queríamos mesmo essa identificação. A própria designação de "patrimônio da humanidade" já indica que ele pertence a todo ser humano. Não importa que esteja na Mongólia, na Tanzânia ou no Azerbaijão, ele é de todo ser humano... e seu também.

Essa era a nossa responsabilidade – que, com a ansiedade da proximidade da viagem, parecia pesar mais e mais sobre nossos ombros. À medida que avançávamos, porém, nossa preocupação diminuía. As experiências que vivíamos e, sobretudo, as pessoas que encontrávamos, nos davam a certeza de que traríamos de volta um material único: importante, rico, visualmente deslumbrante – e, claro, emocionante. Humanamente emocionante.

Você certamente acompanhou essa aventura na TV. Mas, se não pôde ver todos os episódios, ou quiser rever alguns, pode ir à internet: http://fantastico.globo.com/

O que você ainda não sabe é por quais caminhos chegamos a esses destinos. Isso você vai encontrar neste livro. Não só os caminhos "geográficos" que percorri com a equipe, mas também as linhas que orientaram meus pensamentos e minhas emoções.

Se às vezes esses registros lhe parecerem um tanto confusos, prossiga na leitura e aproveite. No epílogo deste livro você vai encontrar divagações sobre as lições dessa segunda volta ao mundo. Mas, adiantando pelo menos uma – talvez a mais imediata –, quero dizer que aprendi que nada pode ser mais bonito e gratificante que deixar de lado as certezas da nossa identidade e abraçar um conceito ainda maior: o de ser humano.

nossa rota

primeira parada

timbuktu

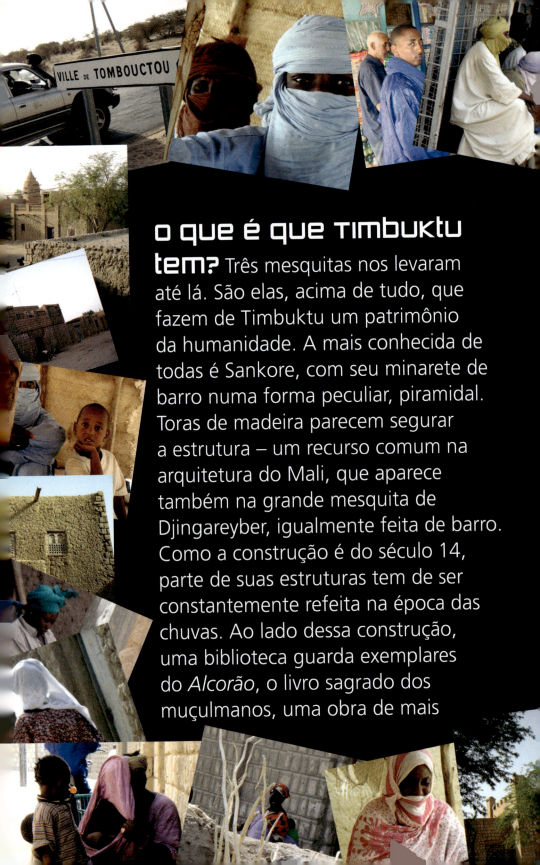

o que é que Timbuktu tem?

Três mesquitas nos levaram até lá. São elas, acima de tudo, que fazem de Timbuktu um patrimônio da humanidade. A mais conhecida de todas é Sankore, com seu minarete de barro numa forma peculiar, piramidal. Toras de madeira parecem segurar a estrutura – um recurso comum na arquitetura do Mali, que aparece também na grande mesquita de Djingareyber, igualmente feita de barro. Como a construção é do século 14, parte de suas estruturas tem de ser constantemente refeita na época das chuvas. Ao lado dessa construção, uma biblioteca guarda exemplares do *Alcorão*, o livro sagrado dos muçulmanos, uma obra de mais

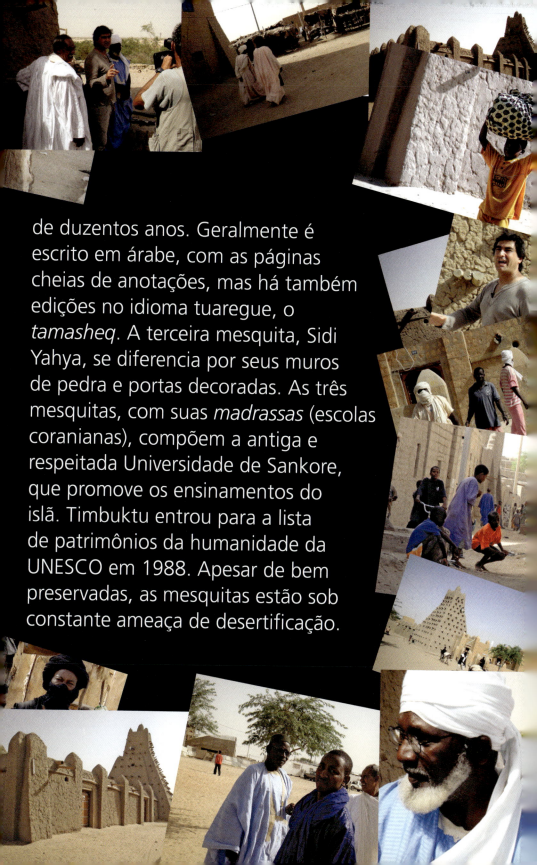

de duzentos anos. Geralmente é escrito em árabe, com as páginas cheias de anotações, mas há também edições no idioma tuaregue, o *tamasheq*. A terceira mesquita, Sidi Yahya, se diferencia por seus muros de pedra e portas decoradas. As três mesquitas, com suas *madrassas* (escolas coranianas), compõem a antiga e respeitada Universidade de Sankore, que promove os ensinamentos do islã. Timbuktu entrou para a lista de patrimônios da humanidade da UNESCO em 1988. Apesar de bem preservadas, as mesquitas estão sob constante ameaça de desertificação.

às portas do saara

a saga para chegar até o fim do mundo (e voltar de lá) sem problemas

ESSE É UM LUGAR QUE NÃO EXISTE. Não apenas porque fica longe – e cabe direitinho naquele pensamento meio clichê que já decorou muitas agendas de adolescentes (de espírito também): "Longe é um lugar que não existe". Mas é que Timbuktu evoca uma certa magia que parece só ser possível no campo da ficção. Não é à toa que os próprios moradores brincam com a ideia de que ali é o fim do mundo...

O mundo, é claro, não termina ali. Aliás, para nós, cuja missão era visitar alguns dos mais lindos patrimônios da humanidade, Timbuktu era praticamente um começo. Assim, todos os obstáculos que encontramos por lá – e não foram poucos –, ao invés de nos fazerem desistir, só nos davam mais motivos para ir em frente. Atravessar o Mali de carro – como não havíamos planejado – a caminho dessa cidade mística e de suas frágeis mesquitas antigas tornou-se uma questão de honra. E a recompensa por todo o sacrifício, como você vai acompanhar agora, veio em dobro.

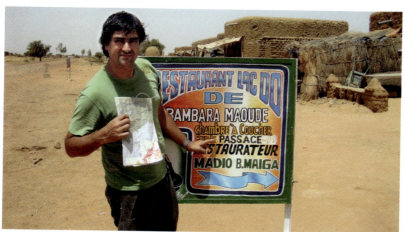

A caminho de Timbuktu, uma consulta ao mapa não ajuda muito...

Dia 1

Nosso caminho para Timbuktu começou em Paris – e com gripe. Eu já estava praticamente preparado para isso. Viajando entre os hemisférios Norte e Sul, era mais que certo que nossa equipe encontraria grandes variações de temperatura. E o corpo, é claro, não ficaria sem reagir...

Mas, o que é uma garganta arranhando, um pouco de tosse e um ligeiro mal-estar quando se tem uma manhã inteira em Paris?

Havíamos chegado tarde na noite anterior e, por insistência minha, fomos jantar num restaurante simpático ali perto, na Bastilha. A promessa – cumprida – era de poucas horas de sono... Mas não desanimei: baseado em meu razoável conhecimento da capital francesa – graças a viagens passadas –, organizei um roteiro rápido! Acordei cedo e fui, com o Ian, pegar as passagens de Bamako para Timbuktu – ou Tombouctou, como descobri que a cidade também é chamada, ali mesmo, na loja da Compagnie Aérienne du Mali (CAM). Os bilhetes estavam lá – um sinal de que estava tudo certo (na outra volta ao mundo, aprendi a desconfiar de pequenas companhias aéreas, mas a CAM me inspirou confiança). Livre das obrigações, fui aproveitar a cidade.

Primeiro, cumpri minha promessa de sempre em Paris, que é passar pela Sainte-Chapelle e agradecer por mais uma viagem. Depois, já que estava perto, entrei pelo Châtelet em direção ao Marais – para poder estar no hotel ao meio-dia. Nosso voo Paris-Bamako – com duração prevista de cinco horas e vinte minutos – só sairia às 16h30, mas, como íamos para o Mali, na África, a experiência me ensinou a chegar cedo ao aeroporto. Almoçamos rapidamente ali perto do hotel, mas com vista para um espaço mais belo do que o que nos ofereciam as janelas dos nossos quartos: a Place des Vosges. Foi tudo muito corrido, mas a pressa não me impediu de aproveitar esses últimos minutos saboreando um *steak au poivre* nessa cidade que eu adoro. Não importa qual seja o meu destino – Tóquio, Turquia, Mali –, sempre vou arranjar uma desculpa para passar por lá. Mesmo com gripe.

lá e acolá

▶ Bamako parece uma grande favela, com algumas construções modernas aqui e ali – embora esse moderno esteja mais para os anos 70 do que para o século 21. Monumentos como uma estátua de um hipopótamo (mascote de time de futebol) misturam-se aos prédios de concreto (numa cidade que é um forno!). Pelas ruas, ambulantes têm de disputar o espaço nas calçadas com as motos. E são comuns pilhas de tambores de lixo espalhadas pela cidade.

(...)

Quando chegamos a Bamako, a primeira lembrança que me veio foi da Guiné-Bissau – que visitei em 1998, durante uma viagem por todos os lugares do mundo onde se fala português. Já tinha pensado nisso na chegada bastante caótica ao aeroporto da capital do Mali, mas agora, rumo ao hotel, essa memória veio mais forte. Viemos por um caminho de casas distribuídas aleatoriamente pela estrada, sem sinal de calçada – é como se as casas fossem o próprio acostamento da estrada. Nas varandas, churrascos improvisados – ou o que seriam churrascos, se houvesse carne. Vê-se muita brasa e nenhum espeto. Em algumas varandas avista-se uma TV ligada, mas nem todo mundo presta atenção. Apenas as que mostram o que parece ser um jogo de futebol – já que o verde é a cor que predomina na tela – juntam um grupo maior.

A van que nos leva ao hotel – em que embarcamos depois de sobreviver ao achaque dos "carregadores de mala" pedindo dinheiro – avança com inesperada rapidez e vai ficando difícil ver o que mais, além de gente (especialmente muitas crianças), ocupa esses espaços, dentro e fora das salas mal iluminadas: uma máquina de costura; letreiros anunciando "fotografia automática"; mulheres se abanando; pessoas simplesmente olhando os raros carros que passam; bancadas vazias de uma estrutura que, durante o dia, deve funcionar como uma vendinha; e, em pelo menos uma das varandas, uma cama de casal arrumada como que para uma noite de núpcias.

Já com meia hora de estrada, entramos numa área que, em contraste com tudo até então, parecia um condomínio bem guardado na Zona

Sul do Rio de Janeiro: as ruas, bem asfaltadas (as primeiras que encontramos), vazias, habitadas apenas por vigias sonolentos. Mas nada do hotel – que fica realmente longe. Ou, então, estávamos sendo levados para um cativeiro!

Fim de tarde às margens do rio Níger

Quinze minutos depois – aquele pequeno trecho asfaltado já havia se tornado história – chegamos enfim ao lugar onde dormiríamos, às margens do impressionante rio Níger (mais impressionante ainda na escuridão da noite). Estou instalado num quarto espaçoso e que quase me faz esquecer que lá fora faz 28 graus – faltando pouco menos de uma hora para a meia-noite...

Dia 2

Finalmente posso usar meu francês em todo o seu esplendor. Não falo da beleza e do refinamento da língua que escritores, cantores e artistas franceses fizeram o mundo inteiro respeitar, mas do esplendor do meu sotaque, que, muito espontaneamente, pode ser classificado como norte-africano. Não é fácil: as frases ficam um pouco mais longas quando você tem de substituir um verbo menos comum por uma expressão mais longa e abstrata (por exemplo "somar", por "fazer conta"); as conjugações verbais ficam bastante comprometidas; e o

lá e acolá

▶ Você gosta de fazer compras enquanto o sinal não abre? Bamako, então, é um paraíso! Com uma vantagem: aqui, o sinal não abre! Os poucos que existem na cidade não funcionam e o trânsito pelas ruas asfaltadas é permanentemente engarrafado. Ideal para você escolher com calma

CDs piratas, raquete de matar mosquito, antiguidades de mentira, produtos de limpeza e até – de algum lugar do passado – fitas cassete!

"erre", é claro, não soa como a primeira letra suavemente arranhada em palavras como "real" em português, mas como balas disparadas de uma metralhadora antiga – pense no som de "Créu 5".

Esse é meu francês! E é com ele que vou me virar nas tarefas de produção na manhã de hoje: passar no banco, trocar dinheiro, tentar mandar algumas coisas por serviço expresso de encomendas e confirmar as passagens do voo de amanhã para Timbuktu – que, vencido pela grafia local, passarei a citar como Tombouctou. A vida é simples assim.

(...)

Ou talvez nem tão simples assim... Trocar dinheiro numa "casa de câmbio" que parecia uma banca do jogo do bicho – onde, convenhamos, a taxa era camarada – já foi meio complicado. Mas nossa vida se tornou bem difícil mesmo quando descobrimos, na loja local da CAM, que nossas passagens aéreas não valiam nada (mesmo tendo sido confirmadas havia pouco mais de 24 horas, no escritório da companhia aérea em Paris!). O voo estava cancelado por falta de passageiros; ou foi vendido para a data errada (apesar de impressa no bilhete); ou qualquer outra desculpa... O fato é que nossa única alternativa – já que os três ou quatro dias de barco pelo Rio Níger estavam fora de questão – para ir a Tombouctou naquele dia e voltar na sexta (dia para o qual nossa passagem de volta a Paris estava marcada) seria enfrentar 900 quilômetros de estradas num *"kat-kat"*.

Como você, eu não conhecia a expressão *"kat-kat"*, e foi preciso Baba – nosso "guia" local (e as aspas estão aí porque ele estava mais para

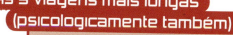

As 5 viagens mais longas (psicologicamente também)

- As 26 horas de estrada entre Bamako e Timbuktu, no Mali
- Perna de avião entre Europa e Ásia (18 horas)
- De carro, para o vale do Orkhon, na Mongólia (7 horas)
- De avião pelo Pacífico, da Mongólia ao Canadá (12 horas)
- Voltando de bote motorizado de Sgang Gwaii no mar agitado e com tempestade (tempo real, uma hora)

como é possível, numa época de tanta falta de esperança, no meio de uma estrada de um país com enormes dificuldades, encontrar um rosto como este, que inspira justamente o oposto, uma certeza de que vale a pena ir em frente?

a história de Mohammed
também é sua

Mohammed é um tuaregue – pertence a um dos povos mais antigos do deserto do Saara. Filho mais velho de uma grande família, passa parte de seus dias no deserto e parte na casa onde moram a mãe e as irmãs, em Timbuktu. Mohammed ainda estuda e pretende trabalhar com turismo, mostrando as belezas de sua cidade e de sua cultura. Ele é muçulmano e segue estritamente sua religião. Sabe que já está na hora de procurar uma esposa para dar continuidade à família – e sobretudo à sua tradição, que vem do islã. Para ele, as mesquitas de Timbuktu significam bem mais que monumentos da humanidade: são templos onde sua religião é praticada e preservada há séculos – e, para Mohammed, nada é mais sagrado que isso.

Menina vendedora de bananas na estrada entre Bamako e Timbuktu

atravessador do que para alguém com formação turística...) – explicar que era assim que eles diziam *"quatre pour quatre":* um carro com tração nas quatro rodas. Fechei o negócio na hora e voltamos com pressa ao hotel – mas quem disse que é possível correr numa cidade em que um engarrafamento significa tráfego absolutamente parado numa rua de mão dupla (como todas em Bamako), enquanto os vendedores ambulantes oferecem um estoque de produtos maior do que o de um site de leilões virtuais na internet? Não, eu não queria um CD pirata de música de Mali. Nem tênis falsificado. Nem lousa mágica. Eu queria chegar ao hotel logo, arrumar tudo muito rápido e partir para enfrentar uma viagem que, segundo Baba, levaria, no máximo, dez horas.

(...)

Umas das boas lições que aprendi na primeira volta ao mundo foi que qualquer guia que combinar o tempo de um trajeto de carro vai mentir. Seja no Sri Lanka, no Uzbequistão ou até mesmo na Escócia – ele vai mentir, porque não quer perder o cliente, desanimando-o com o tempo real da viagem, que geralmente é o dobro do prometido. E não foi diferente com as tais "dez horinhas" que Baba tinha prometido...

Já passa das dez horas da noite – viajamos mais de sete horas e estamos no que, pelo que o mapa parece indicar, não é nem a metade do caminho: um entroncamento chamado Bra (!), cuja única coisa que chama a atenção é um carregamento de cabras que parece lotar um ônibus. Elas estão "descansando", coitadas – podem aproveitar a parada para dar uma saída do compartimento de bagagens e "tomar um pouco de ar". As que estão amarradas no teto da condução reclamam em balidos fracos e sem esperança. Algumas, que viajam no que podemos chamar de primeira classe – junto com alguns passageiros humanos que não se incomodam em dividir o espaço com elas –, desfrutam mais relaxadas esse momento. Não sei exatamente por que faço graça de uma cena como essa, que é bem triste (alguns corpos inertes certamente significam baixas no rebanho). Talvez esteja tentando esquecer que ainda temos horas pela frente, passando por indistintos vilarejos com nomes parecidos com Mosogusso, Cassapaue, Sossocomo, Coutamano – e variações dessas sílabas. Todos esses lugares são apenas uma tripa de tendas que vendem comidas pouco convidativas e produtos que no Primeiro Mundo não se consegue encontrar em nenhuma loja, nem que seja para ganhar uma gincana universitária: lâminas descartáveis simples, pilhas vermelhas, adaptadores elétricos com entradas e saídas que não servem em tomadas de país algum, brinquedos de plástico que ainda trazem a inscrição *"made in China"* – como se isso fosse motivo de orgulho.

Com um pouco de sorte, chegamos a Mopti antes de amanhecer.

lá e acolá

▶ Dois alertas na estrada. Numa placa, o aviso: a aids está por toda a parte, mesmo no deserto! E, numa parada de ônibus, cabras transportadas de qualquer maneira, sufocando durante horas – uma cena bastante comum. Não é à toa que alguns animais não sobrevivem à jornada...

Crianças têm aula no meio da estrada; à direita, a merenda que trazem de casa

Dia 3

Por volta de uma da manhã chegamos a Mopti. Pousaríamos ali mesmo para dormir nem que fossem quatro horas. Peter, nosso motorista, sem esconder que estava no limite das suas forças, aceitou a proposta na hora e logo nos encaminhou para um hotel chamado Flandres! Bem simples – mas por quatro horas, e no estado em que a gente se

▶ A espera pela balsa no rio Tombouctou nunca é monótona – mesmo que dure horas, como a nossa durou. Sempre aparece um camelo para quebrar a monotonia. Já a tranquilidade do nosso barqueiro, vestido no melhor estilo do deserto, nada é capaz de quebrar...

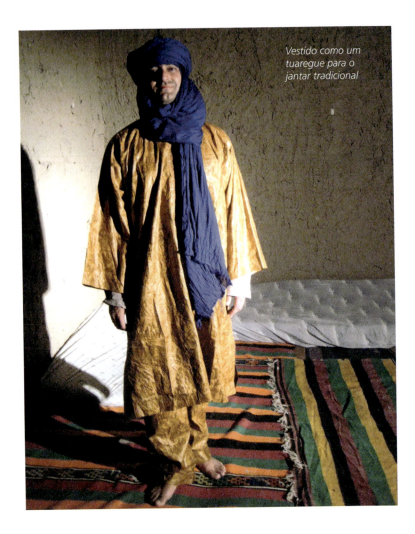

Vestido como um tuaregue para o jantar tradicional

lá e acolá

▶ Preparar um jantar entre os tuaregues é responsabilidade exclusiva das mulheres. Os homens esperam numa sala, onde comem também longe delas. Quando o prato chega, a etiqueta manda que se coma com a mão: o bolinho, preparado com uma generosa porção de banha, escorrega fácil entre os dedos...

encontrava, quem ia reparar nisso? Não havíamos jantado, já que os biscoitos secos e os sucos (já quentes) que havíamos comprado em Bamako não contavam como refeição. A promessa de um café da manhã (ainda que bem cedo, logo às seis) ajudou a embalar o sono.

Saímos relativamente animados, e em menos de uma hora de estrada tivemos um momento emocionante. Foi o Lúcio que viu primeiro – olho de cinegrafista! Um grupo de crianças pequenas embaixo de uma árvore no que parecia ser uma cena de aula. E era – como descobrimos assim que paramos o carro para conferir. Elas aprendiam o *Alcorão*. Eram crianças entre 5 e 10 anos (mas poderiam ser mais velhas) dos vilarejos vizinhos, muito fracas, muito pobres, mas todas com pequenas tábuas na mão, onde estavam escritos os versos do livro sagrado que elas deveriam decorar naquela lição. Entre elas e o professor, potes de comida que os alunos haviam trazido de casa – uma refeição miserável que, naquele cenário, assumia a proporção de um almoço requintado.

De repente, enquanto o Lúcio fazia as imagens – e eu pensava em dizer alguma coisa para explicar aquela cena belíssima –, comecei a chorar. Era um punhado de crianças, que nos recebiam com curiosidade e sorrisos. Mas logo seriam um grupo de adolescentes. E, em seguida, de adultos. E a vida deles seria ali – na mesma miséria, na mesma desesperança. A pergunta é um tanto ingênua – e, no contexto desse diário de viagem, perigosamente patética –, mas vou fazê-la assim mesmo: o que faz uma criança nascer aqui, nessas condições, e outra num ambiente onde as chances de ela passar fome são bem menores? Onde está o equilíbrio das coisas? E o que tenho a ver com isso? É apenas um instantâneo de um punhado de vidas que não vão dar muito certo, não é mesmo? Mas foi por elas que chorei.

▶ Um artesanato original: uma caixa de madeira reproduz um ônibus usado nas longas viagens pelas estradas do Mali. O desenho corresponde mesmo ao original – os ônibus vão abarrotados, cheios de gente, mercadoria e... bichos!

Com um pequeno tuaregue, em frente à mesquita de Djingareyber

(...)

Se uma brisa é quente – muito quente mesmo –, ainda pode ser chamada como tal? Por volta das duas da tarde, nossa balsa atravessava o rio Tombouctou com lentidão irritante. Só quando batia tal brisa (que parecia mais um sopro de vaca – se a espécie bovina fosse capaz de tal ato) é que a gente se lembrava de que estava em movimento. Nosso "capitão" vestia um modelito inesperado: túnica colorida, sapatos brancos de grife (falsificada à perfeição) e um respeitável turbante. E se mexia – quando se mexia – num ritmo mais lento que o da própria balsa.

lá e acolá

▶ Na biblioteca de Timbuktu, páginas de antigos exemplares do *Alcorão* – o livro sagrado para os muçulmanos. Em algumas páginas, anotações foram feitas em torno dos versos – resquícios de uma época em que o papel era uma raridade. Entre as raridades da coleção, um exemplar escrito na língua dos tuaregues.

Peter – que passou no teste de resistência e havia se tornado para nós a única pessoa confiável em todo o Mali – nos garantia que, depois de atracar, seriam apenas 12 quilômetros de Tombouctou. Ele não faz ideia de como queremos acreditar nele...

(...)

É noite, e estou de saída para um jantar tuaregue – seja lá o que isso for! Tenho algumas dúvidas sobre o que exatamente vou encontrar lá depois que ganhei uma introdução-relâmpago a essa cultura – cortesia do nosso aprendiz de guia, Mohammed, que trabalha com monsieur Ali, o homem que nos levaria aos patrimônios da humanidade e que nos recebeu logo que chegamos ao oásis de Tombouctou.

Ele nos encontrou num hotel simples, mas com detalhes modernos, um quarto espaçoso e confortável e uma anfitriã (madame Gaetane) que nos recebeu com pompas de embaixador. Era mais ou menos do que estávamos precisando depois da nossa "breve" jornada: havíamos chegado, finalmente, a Tombouctou meras 26 horas depois de partir de Bamako. No adorável terraço do segundo andar, onde dei uma relaxada logo após um merecido banho, Mohammed me iniciou então na cultura do deserto. Ele tem 24 anos, o que significa que está mais do que na hora de "criar coragem" e pedir ao pai que lhe escolha uma esposa, segundo ele me contou. Essa primeira esposa – os tuaregues usam e abusam do divórcio (uma prerrogativa, claro, apenas do homem...) – deve ter no máximo 16 anos. Mohammed diz que é bom que elas sejam bem novinhas: assim, ainda não estão pensando em "bobagens" como namoro e outras futilidades românticas... O jantar promete...

5 panos (ou tecidos) para a coleção

- CARTAZ DE BARBEIRO, das ruas de Timbuktu, Mali
- TAPETE KILIM, de Baku, Azerbaijão
- SEDA BORDADA, de Luang Prabang, Laos
- BATIK, de Borobodur, Indonésia
- MANTA DE ALPACA, Peru

Cartazes de pano enfeitam barbearia em Timbuktu

necessidades
básicas

hospedagem

Em Bamako, a capital, ficamos num dos melhores hotéis da cidade. Só que era às margens do Níger, que constantemente transbordava... Nossa expectativa era baixa para Timbuktu, mas lá encontramos um oásis dentro de um oásis: um hotel pequeno, limpo e fresco, onde o espelho d'água no terraço não oferecia perigo...

comida

"Coma a sua fome, beba a sua sede", dizia a mensagem pintada na tela de palha, que protegia um pequeno bar na beira do rio Tombouctou, que refresca os viajantes que esperam a balsa. Quem dera fosse tão fácil assim saciar fome e sede por estas paradas. Para começar, é melhor você gostar de carneiro, pois é a única opção por onde você vá. E, no quesito bebida, prepare-se para se acostumar a tomar chá pelando, quando a temperatura lá fora passa dos 40 graus! Dizem que refresca...

transporte

Nosso *kat-kat* (como eles chamam por aqui um veículo "4x4") aguentou bem as 26 horas de viagem – a maior parte dela por estradas de terra. Essa era a opção mais cara para ir por terra (de barco, pelo Níger, levaríamos no mínimo três dias!). Nosso guia ofereceu também um carro sem tração, mas duvido que chegaríamos a Timbuktu se não fosse com um desses...

(...)

Assim que entramos no carro, de volta de um magnífico jantar tradicional tuaregue, Ian, nosso produtor, nos informa que aquela manteiga tão gostosa que temperava o prato principal do nosso banquete era na verdade banha. E que ficava guardada, até sua utilização, numa embalagem plástica de óleo lubrificante, geralmente encontrada em prateleiras de postos de combustível – e não em gôndolas de supermercado. O que eu deveria fazer com essa informação?

O jantar estava realmente uma delícia – se você esquecer o fato de que, seguindo a cultura tuaregue, comemos com a mão. Talvez porque era a primeira refeição decente que fazíamos em 36 horas. E quanto à banha, dane-se – se bem que digo isso no auge da exaustão acumulada nessa viagem de carro (que provavelmente vamos repetir amanhã). O verdadeiro impacto desse ingrediente do jantar de hoje – bem como do carneiro, do arroz e do próprio chá (da Mauritânia) que tomamos três vezes (na primeira taça, ele é amargo como a morte; na segunda, doce como a vida; e na terceira, açucarado como o amor – segundo um velho ditado... tuaregue!) – só conhecerei amanhã. Provavelmente à tarde, ao completar este ciclo de digestão, mais ou menos quando estivermos no meio da estrada de terra que nos levará de Tombouctou a Mopti – onde qualquer conforto (mesmo sanitário) é impensável...

Dia 4

Acordamos desanimados – e sem disfarçar. Afinal, nosso plano era

lá e acolá

▶ Um detalhe curioso sobre esses minaretes de barro: parte deles tem que ser refeitos todo ano. Por causa da fragilidade do material, eles precisam ser reforçados a cada temporada de chuvas – e, para isso, cada mesquita organiza um grande mutirão com a população. Ainda: as toras de madeira atravessadas dão sustentação ao minarete e são sólidas o suficiente para permitir que se suba neles.

trabalhar a manhã toda, parte da tarde e... sair para mais 26 horas de carro de volta à capital do Mali – onde deveríamos pegar o avião de volta a Paris no dia seguinte. Mas, de repente, monsieur Ali aparece e, antes de dizer bom dia, pronuncia as palavras mágicas: "Hoje tem avião!". Saí gritando pelo hotel para contar para o Lúcio e para o Ian, que imediatamente tiveram seus rostos transformados no retrato da alegria. Fomos trabalhar eufóricos: quatro horas para visitar os monumentos, fazer as entrevistas e voltar "para casa" de avião? Sem problema!

(...)

Chegamos pontualmente à uma da tarde ao aeroporto, para não correr o risco de perder o *check-in*. Mas imagine se o avião estava lá... Ninguém sabia dizer ao certo a que horas ele chegaria, e só não entramos em desespero com a possibilidade de retornar de carro porque não estávamos sozinhos no aeroporto. Eles não podiam enganar tanta gente... Ou podiam?

Para passar o tempo, ficava repassando nosso roteiro da manhã: três mesquitas visitadas, mais uma passadinha pelas "bordas do Saara". Tudo muito rápido, mas não tão rápido que eu não pudesse me encantar com esse lugar. O primeiro "golpe" foi logo na frente da mesquita de Sankore, enquanto eu me abaixava para pegar um pouquinho da areia de Tombouctou – inspirado pelo pedido de uma amiga, que insistiu que eu trouxesse um punhado para ela –, fui tomado de uma vontade incontrolável de chorar. De novo? Fazer o quê?... Eu tinha de gravar uma passagem – na verdade, a abertura do episódio da série sobre Tombouctou –, mas, toda vez que passava o texto, minha voz ficava estranha.

lá e acolá

▶ Era para ser uma sessão de compras só com o pai do Mohammed. Mas um falou para o outro, que falou para o outro... e logo havia uma galera de vendedores oferecendo bugigangas... Joias, amuletos, enfeites – valia tudo. Os preços variavam de vendedor para vendedor, com diferenças até de metade do valor! E quando você ainda achava que estava caro, eles perguntavam: "Então, quanto que você quer pagar?". O chaveiro ("de couro legítimo") aqui ao lado saiu por menos de R$ 20,00!

Não tinha nada a ver com o choro do dia anterior (que isso não se tornasse uma rotina!). Era mais a emoção de estar em um lugar que nunca imaginei conhecer. Eu viajo muito – vivo para isso. Mas, às vezes, sou pego de surpresa de ir tão longe. Da última vez que me sentira assim fora no Butão, em 2006 – numa viagem de férias. Lugares assim inevitavelmente fazem você se perguntar: por quê? Por que a gente viaja? Por que tão longe? Aonde quero chegar? Bem, não é que eu tivesse muito tempo para divagações desse gênero... Tinha mais coisas para gravar. Deixei as "elucubrações" de lado e fui em frente.
E fizemos tudo bem depressa – e até ganhamos tempo. Tanto que me dei o luxo de pedir para Mohammed – que também nos acompanhava nessa manhã – para me ajudar a comprar um chapéu curioso que eu via em algumas cabeças locais. Não um novinho, como via nas lojas de suvenires. Tinha que ser um usado. Mohammed topou me ajudar, mas com uma condição: que eu passasse novamente na casa dele para ver o artesanato tuaregue que seu pai vendia. Sem pensar, disse sim.

Em segundos, lá estava eu na garupa da sua moto, correndo pelas ruas estreitas da cidade, derrapando bastante nos areais, enquanto ele perguntava aos homens que encontrávamos se queriam vender seu chapéu. Acabei comprando de um homem que cortava carne num mercado aberto – não percebi na hora, mas depois me contaram que só os vaqueiros (e talvez os açougueiros) usam aquele chapéu. Nesse momento eu era o retrato da felicidade. É para ter momentos assim que eu viajo...

Em seguida, Mohammed me cobrou o compromisso – e fomos até sua casa, onde seu pai e alguns "colegas" me esperavam sobre

▶ Nossa passagem por Timbuktu foi tão corrida que mal ficamos no hotel. Mas, nos poucos momentos de descanso, pudemos aproveitar a serenidade de um verdadeiro oásis à beira do deserto. Nas tendas esticadas no terraço do hotel, o melhor espaço para curtir um fim de tarde...

tapetes, embaixo de uma tenda, com suas sacolas de bugigangas. Ao ver a cena, não pude deixar de pensar que os tuaregues já conheceram atividades mais nobres que empurrar artesanato para turistas... Mesmo assim, acabei levando algumas lembranças, tiradas da sacola do próprio pai de Mohammed, com a foto de um conhecido jogador de futebol: RONALDIO (escrito assim mesmo!). Quem diria: em pleno deserto do Saara, Ronaldinho Gaúcho encontraria Seu Craisson...

Ronaldo Gaúcho foi rebatizado na sacola tuaregue

(...)

São quatro da tarde e nada do avião – que deveria ter chegado às duas. Pelo menos já há uma ligeira movimentação no aeroporto. Um senhor com uma bela túnica azul-clara chega com um caderno – seu registro de embarque e de vendas de passagem. Temos de comprar novamente nossos bilhetes. Nem perguntei nada: estamos voltando – e de avião! Era só o que importava.

lá e acolá

▸ Transporte é realmente um problema no Mali. O veículo mais tradicional é também o mais lento: o camelo... Nas grandes distâncias, a única saída é apelar para ônibus bem velhos (e dividir o espaço com animais) ou esses enormes caminhões. Primeiro, claro, as mercadorias. Depois, em cima delas, vão os passageiros, sem a menor segurança – e, aliás, sem também a menor preocupação com ela...

Aguardamos mais um pouco na enorme e vazia sala de espera do aeroporto – tão fantasmagórica, mesmo de dia, que lembrava o hotel de *O iluminado*, o clássico de terror de Stanley Kubrick – até ouvirmos o barulho da nossa "aeronave" pousando. Em minutos estávamos ouvindo as instruções de emergência de uma comissária numa performance que me lembrou Annette (com quem voei certa vez de Darwin, na Austrália, a Dili, no Timor Leste), na categoria "menor avião que ainda comporta uma aeromoça" – aquele em que viajei com Annette, apenas para registro, era tão pequeno que ela dava as orientações de joelhos...

Tchau, Tombouctou. Ainda volto para pegar mais um pouco das suas areias...

(...)

Enfrentar novamente a bagunça da chegada a Bamako me tirou do sério. Baba – nosso "guia" – queria nos levar ao hotel, e eu, já cansado de ter que barganhar para tudo, disse que só se fosse de graça... E não é que ele nos levou sem cobrar nada? Às vezes é bom "jogar duro"...

Exausto, fui dormir cedo, não sem antes dar um mergulho noturno na piscina do hotel – feliz de estar em Bamako, olhando a luz do dia desaparecendo sobre o Rio Níger.

Sala de espera surreal do aeroporto de Timbuktu

▶ Mohammed prepara o chá, que deve ser tomado três vezes: na primeira, ele deve ser amargo como a morte; na segunda, doce como a vida; e a terceira taça tem que ser açucarada como o amor...

olha o que eu
trouxe de lá...

Nem precisa procurar muito. Qualquer um em Timbuktu que perceber que você é um turista – mesmo vestido como um tuaregue (eu mesmo vivi essa experiência) – vai pedir cinco minutos da sua atenção para mostrar algumas... joias. Trata-se, na verdade, de bijuterias – quase todas muito parecidas, cópias da cópia da cópia de uma antiga joia original tuaregue. No meio de tantas bugigangas que lhe oferecem, porém, há sempre uma peça interessante – como um pesado bracelete de bronze (que as mulheres usam no tornozelo, e os homens no braço) ou um colar mais elaborado. Mas o que me deixou obcecado foi o chapéu de vaqueiro, de palha e couro. Os novos a gente encontra fácil nas lojas de suvenires, mas os mais bonitos estão na cabeça das pessoas – e, para levar um desses, ter um amigo na cidade que negocie na rua (um episódio que conto neste capítulo) ajuda bastante...

Dia 5

Passamos a manhã sem a menor pressa. Nem acredito. Sem hora para acordar, sem nenhum compromisso mais importante do que pegar o avião para Paris às 22 horas. O dia estava preguiçoso e aproveitei boa parte dessa manhã para escrever alguns (meros 23) cartões-postais – algo que adoro fazer só de imaginar a surpresa de quem vai receber: no meio de um monte de malas diretas e contas (que é o que mais chega hoje na casa da gente pelo correio), um cartão-postal! E do Mali! Tudo de bom.

(...)

Ainda arrisquei um passeio por Bamako à tarde. Peguei um táxi no hotel e pedi para dar uma volta. Às vezes era difícil acreditar que estávamos numa capital. Tudo bem que era numa capital de um país pobre da África – mas já passei por alguns deles, e, a não ser por Luanda (que visitei quando ainda havia guerra civil em Angola), não me lembro de um registro de tanto abandono. Para cortar o trânsito, o motorista ia pelas "paralelas", que eram variações de esgotos a céu aberto, depósitos de lixo ou simplesmente barracos amontoados. De vez em quando surgia um mercadinho – sempre preguiçoso, com as mercadorias (de baldes de plástico a frangos numa jaula superlotada) queimando ao sol, enquanto quem vendia se esparramava em uma *chaise-longue* improvisada.

Tudo muito triste e abandonado – um cenário que me fez lembrar uma reportagem que li uma vez sobre Lagos, na Nigéria. Essa cidade – que ainda não conheço – é notoriamente caótica, mas há alguns anos foi foco de um livro de um dos mais badalados arquitetos contemporâneos, Rem Koolas. Na reportagem que li, o jornalista criticava o deslumbramento do arquiteto como uma visão pseudo romântica. Se a capital da Nigéria é a cidade do futuro, por que então não nos mudamos todos para lá? A resposta é simples: porque ninguém quer morar no caos.

Olhando mais uma vez as ruas esburacadas e miseráveis de Bamako – que até tem suas construções modernas projetando-se bisonhamente na silhueta da cidade, monumentos de uma era que nunca chegou –, só tive mais certeza de que não há beleza nenhuma nesse caos. As coisas ali – e em tantos outros lugares do mundo – só vão melhorar se tudo mudar.

E mais uma vez os amuletos que pedi
para meus amigos me trazerem antes
da viagem vão comigo na mochila.
Para eles, assim como para mim, a
viagem estava só começando. Já com
problemas, obstáculos – aquelas
coisas de sempre. Mas também cheia
de animação! Começamos pela
África, onde – dizem – a própria
humanidade começou. Onde
vamos parar?
Bem, uma etapa de cada vez...

de timbuktu
para...

segunda parada

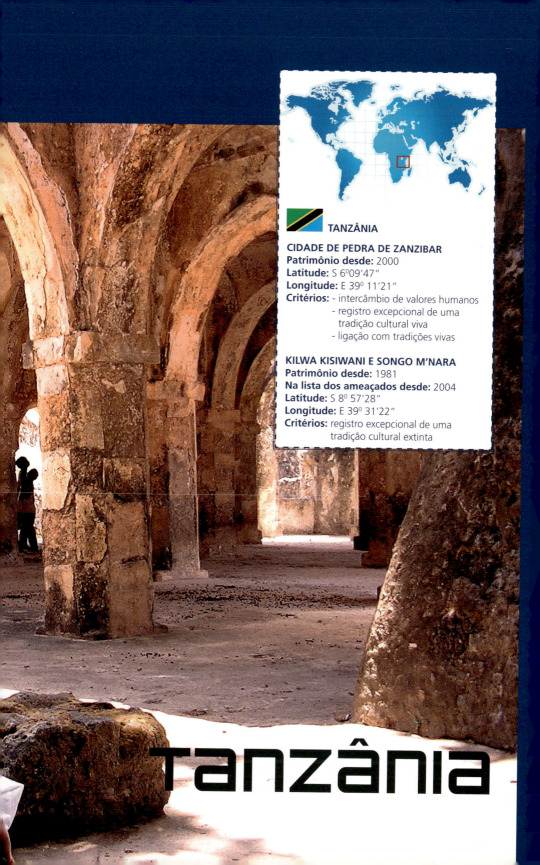

TANZÂNIA

CIDADE DE PEDRA DE ZANZIBAR
Patrimônio desde: 2000
Latitude: S 6°09'47"
Longitude: E 39° 11'21"
Critérios: - intercâmbio de valores humanos
- registro excepcional de uma tradição cultural viva
- ligação com tradições vivas

KILWA KISIWANI E SONGO M'NARA
Patrimônio desde: 1981
Na lista dos ameaçados desde: 2004
Latitude: S 8° 57'28"
Longitude: E 39° 31'22"
Critérios: registro excepcional de uma tradição cultural extinta

Tanzânia

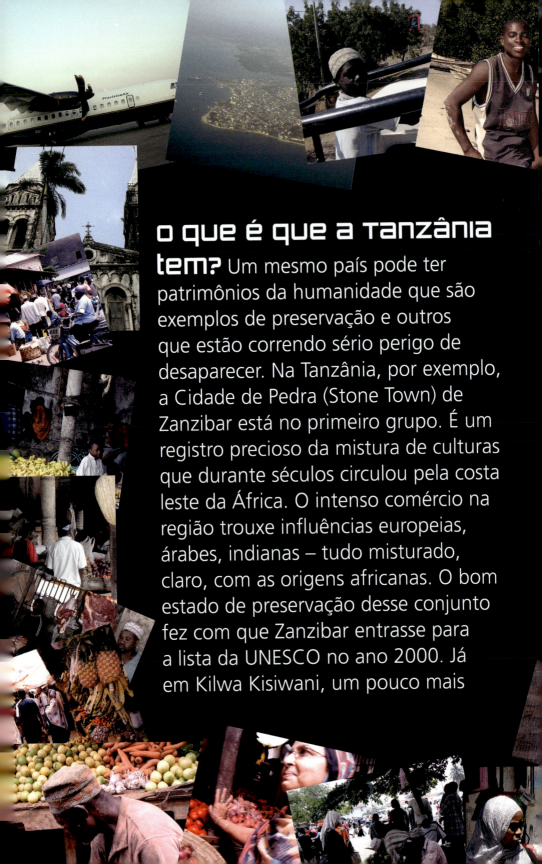

o que é que a Tanzânia tem?

Um mesmo país pode ter patrimônios da humanidade que são exemplos de preservação e outros que estão correndo sério perigo de desaparecer. Na Tanzânia, por exemplo, a Cidade de Pedra (Stone Town) de Zanzibar está no primeiro grupo. É um registro precioso da mistura de culturas que durante séculos circulou pela costa leste da África. O intenso comércio na região trouxe influências europeias, árabes, indianas – tudo misturado, claro, com as origens africanas. O bom estado de preservação desse conjunto fez com que Zanzibar entrasse para a lista da UNESCO no ano 2000. Já em Kilwa Kisiwani, um pouco mais

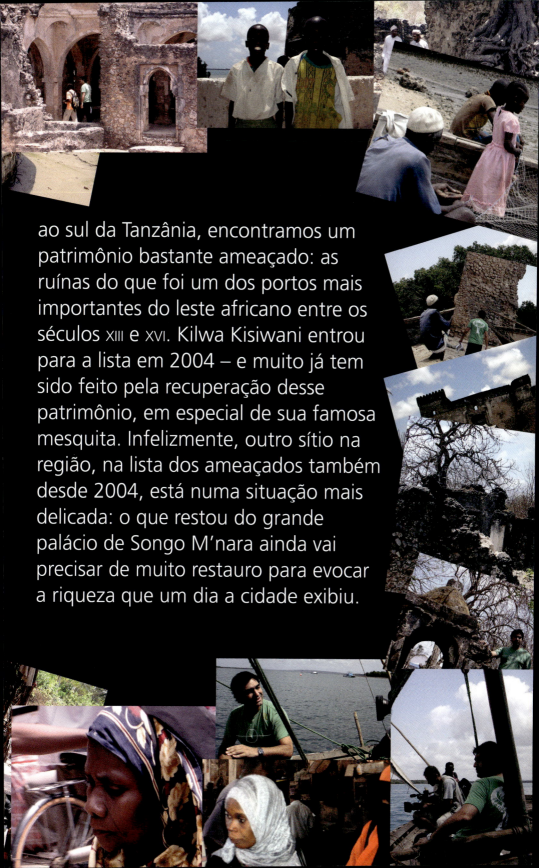

ao sul da Tanzânia, encontramos um patrimônio bastante ameaçado: as ruínas do que foi um dos portos mais importantes do leste africano entre os séculos XIII e XVI. Kilwa Kisiwani entrou para a lista em 2004 – e muito já tem sido feito pela recuperação desse patrimônio, em especial de sua famosa mesquita. Infelizmente, outro sítio na região, na lista dos ameaçados também desde 2004, está numa situação mais delicada: o que restou do grande palácio de Songo M'nara ainda vai precisar de muito restauro para evocar a riqueza que um dia a cidade exibiu.

karibu!

quer dizer bem-vindo no país que quase falou português...

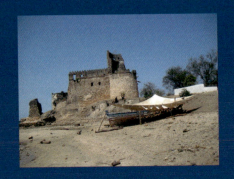

ALGUNS NOMES NOS REMETEM a histórias fantásticas, que nos enchem de expectativa com uma promessa de mistério. Um exemplo é Zanzibar – um nome que sempre acho que fica mais bonito se o pronunciarmos sílaba por sílaba: Zan. Zi. Bar...

Por causa dessa ilha, a Tanzânia foi uma das primeiras escalas que escolhemos nesta volta ao mundo. E o que encontramos por lá? Um país vibrante e com uma história agitada – que num certo aspecto até tem a ver com nosso passado brasileiro (e você já vai entender por quê). A esse nome, Zanzibar, juntamos pelo menos mais dois à lista de lugares fascinantes: Kilwa Kisiwani e Songo M'nara. Ah, e mais uma ilhota com um nome tão improvável que parece ter saído de uma obra de ficção...

Dia 1

Cheguei ao meu hotel em Dar es Salaam no fim da tarde. O problema é que não deveria passar a noite na capital da Tanzânia. Ocorre que meu voo para lá era no dia anterior. Só que, no dia anterior, eu ainda voava sobre a

Mulher no colorido mercado principal de Zanzibar

África do Sul, a caminho de Johannesburgo, para então tentar chegar a Zanzibar. Eu estava com um bilhete marcado para o dia anterior à minha chegada. Parece complicado? Experimente explicar isso aos funcionários da companhia aérea Precision – aparentemente a mais confiável da Tanzânia (com esse nome, que significa "precisão" em português!).

A imprecisa companhia que voa para Zanzibar

O cansaço era tal que mal tive forças para escrever os e-mails explicando para o resto da equipe – que já estava em Zanzibar (viemos em voos separados) – que não ia poder jantar com eles. Houve, obviamente, um engano na emissão dos bilhetes – eu tentava justificar nas mensagens. Mas qualquer explicação parecia absurda. Esses sistemas que emitem bilhetes eletrônicos não deveriam "conversar" entre si? Não deveriam detectar algo de errado? Eu sabia que voaria para Johannesburgo, depois, Dar es Salaam, e depois Zanzibar. Bilhetes, datas e horários eram meros detalhes. Mas se eu tivesse prestado atenção aos detalhes...

Assim, "de castigo" em Dar es Salaam, peguei o primeiro hotel que vi – ou melhor, o primeiro hotel cujo cartaz vi no saguão do aeroporto. Precisava dormir, descansar. O nome me pareceu "seguro" – quer dizer, de uma cadeia internacional. Eu não estava

lá e acolá

▶ Qualquer fã de uma das bandas inglesas mais importantes da história do rock, o Queen, sabe disso. Mas a informação de que o líder e cantor do Queen, Freddie Mercury, nasceu em Zanzibar pega muitos turistas de surpresa. Na casa onde ele nasceu, uma placa discreta convida à visitação – um passeio sem novidades na biografia do ídolo, a não ser pelo curioso prazer de contar depois para outros fãs que você esteve lá...

em condições de correr novos riscos. E, de fato, quando cheguei à recepção – depois de quinze minutos de táxi por um caminho que me pareceu ligeiramente desolado (sobretudo quando lembrava que estava numa capital) –, fui recebido com desconcertante hospitalidade. Que não vem de graça, claro. O valor da diária ali, onde eu devia passar menos de doze horas (já que transferira meu voo para a madrugada), era quase três vezes o que o orçamento me permitia gastar por dia! Mas era uma emergência, certo?

(...)

Sem forças nem ânimo para explorar a cidade – "O objetivo é Zanzibar!", eu tinha que ficar me repetindo a todo tempo –, jantei no bufê oferecido no jardim do hotel. Tendas montadas no gramado disputavam os hóspedes – que, para minha surpresa, não eram 100% ocidentais. Sentei-me a uma das mesas na varanda de um bar (*lounge*?), onde uma *crooner* cantava *Don't it make my brown eyes blue* (clássico de Crystal Gayle), numa competição fervorosa com a banda de músicos locais, que se apresentava num palco improvisado no jardim. Meus ouvidos, claro, se voltaram para a música local – a trilha sonora perfeita para o melhor cuscuz que experimentei nos últimos anos! E aproveitei para caprichar na pimenta, que, contribuindo para minha digestão não exatamente de maneira positiva – e olha que adoro uma pimentinha... –, diminuiu severamente as poucas horas disponíveis que eu tinha para dormir. Qual é o fuso horário mesmo?

▶ O aeroporto de Zanzibar tem suas peculiaridades. Primeiro, uma tabela de câmbio onde você encontra moedas que não se vê em todo lugar (franco de Ruanda? *dirham* marroquino?). Depois, uma alfândega que não inspira muita confiança...

Dia 2

O sono pegou no aeroporto de Dar es Salaam

Confesso que já estava com saudades de ser refém num balcão de *check-in* de uma companhia aérea em que nunca havia voado. Agora, duas atendentes discutem algo aparentemente crucial que tem a ver com a minha passagem (provavelmente um problema, pelas expressões faciais) numa língua estranha. Apesar da incompreensibilidade do diálogo, sou obrigado a prestar depurada atenção, pois, sem o menor aviso nem a menor mudança na entonação, uma delas pode soltar uma frase num inglês carregado, crucial para a única informação que eu estava mesmo aguardando naquela madrugada, às 4h45 da manhã: vou ou não vou embarcar? Embarquei – mas precisava sofrer tanto?

(...)

Estou operando por instrumentos. Ian, nosso produtor, diz para onde tenho que ir e eu vou. Fala quanto tenho que pagar e eu pago. Ele me diz até quando devo falar "*karibu*" (algo como "olá", ou "bem-vindo") – e eu falo. Será que estou assim porque virei a segunda noite em claro? Ou talvez porque, nas últimas sete horas, fui e voltei de Zanzibar? (Escrevo do aeroporto de Dar es Salaam.) Ou quem sabe pelos dois motivos?

Já e acolá

▶ Tudo fresco no mercado central de Zanzibar – até porque o forte ali não é a refrigeração (nem de carnes nem de peixes!). Bananas, você encontra à vontade, assim como uma enorme variedade de tipos de arroz – e, claro, as especiarias.

Lembranças terríveis do tempo da escravidão na sala onde homens esperavam para serem vendidos

Achou que era brincadeira? Aqui está a prova! Este é o aeroporto de Mafia!

Como não consegui pegar o voo de ontem, tive de concentrar todas as gravações hoje – de manhã. Forte português, mercado de comida, mercado de escravos, residências do sultão, praça central – tudo em poucas horas. Ainda bem que a "Cidade de Pedra" – que é o centro histórico e a parte considerada patrimônio da humanidade – é relativamente pequena. Poderíamos até percorrê-la toda a pé – não fosse a pressa.

Mesmo nesse passeio-relâmpago, porém, algumas coisas nos impressionaram, como o tal mercado, por exemplo, especialmente no quesito higiene (e olha que quem escreve é alguém que já viu muitas cabeças de boi cortadas pelo mundo, inclusive em Paro, no Butão). Era meio repugnante, mas segui explorando o mercado, pois, afinal, ele faz parte do passado de Zanzibar, que até hoje é conhecida também como "a ilha dos temperos".

Mais repugnantes, porém, foram as histórias que ouvi do Amilcar (nome de brasileiro, eu sei – uma herança da passagem portuguesa pela região, que vamos entender melhor mais adiante) sobre outro antigo mercado: o de escravos. No espaço onde hoje existe uma imponente igreja, funcionou até o final do século 19 uma praça de leilões – com

5 especiarias que fizeram a fama de zanzibar

- CRAVO
- CANELA
- CARDAMOMO
- PIMENTA-DO-REINO
- BAUNILHA

um porto nunca é um destino final – é sempre uma passagem, de gente, de bichos, de coisas, de tesouros. De histórias

a história de Astmani
também é sua

Tudo que ele conhece do mundo é a Tanzânia. Quer dizer, conhecer bem mesmo, só Kilwa, mas ele já foi a Zanzibar e, uma vez, a Dar es Salaam. Mas quer mais. Astmani Abdala Limonga tem vontade de conhecer outros lugares do mundo cuja história tem a ver com seu lugar, Kilwa, onde ele nasceu há 24 anos. Com ele, exploramos os patrimônios ameaçados da Tanzânia, e foi seu orgulho de ter vivido ali até hoje que nos impressionou. Astmani estudou história e hoje trabalha como guia turístico na região. Sabe que sua cultura tem, principalmente, origens árabes e africanas – e isso é, para ele, um ponto de partida para descobrir outras coisas. Seu maior desejo é ir à Espanha ver de perto a influência árabe na Europa. Sonho impossível? Não para alguém que, como ele, saiu de uma família pobre, batalhou por uma educação e hoje encara esse patrimônio da humanidade que é Kilwa como uma janela para o mundo.

Nossa equipe com as crianças que brincavam por lá, na mesquita de Kilwa Kisiwani

pelourinho e tudo! Segundo Amilcar – um guia turístico que cuida do lugar –, só restaram dois cubículos apertados, onde homens e mulheres ficavam confinados esperando serem negociados por um preço bom... As histórias são horripilantes demais (e, como disse anteriormente, têm a ver com a história do nosso Brasil!), e ouvi-las sob aquele calor de 40 graus, e com hora marcada para sair de Zanzibar, só afetou ainda o mais meu estado...

Acabo de voltar de lá, e faço hora no aeroporto para o próximo destino, aqui mesmo na Tanzânia. Sinto que meu contato com a base está sumindo... Torre! Torre! Zebra Eco Charlie Alfa... sem sinal! Torre! Torre!

(...)

Meras três horas depois, pousamos em Kilwa, a segunda escala do nosso voo num monomotor pilotado por um italiano. Antes de chegar, descemos numa ilha chamada Mafia – sem acento mesmo, mas imagino como você leu o nome... Não, não estou brincando – essa ilha existe e está no mapa. Paramos lá para deixar uma turista que viajava numa cadeira de rodas motorizada. Assim que terminou, o piloto – apressado, pois não queria pousar à noite na pista de terra de Kilwa – grunhiu algo sobre nossos cintos de segurança e decolou como se quisesse recuperar uma posição na versão aérea daquele desenho animado, a

Corrida maluca – uma retirada que, como estávamos saindo de um lugar chamado Mafia, e sendo o piloto italiano, talvez tenha sido prudente.

Chegamos no limite da luz do dia. Por razões que o excesso de cansaço me impedia de entender, jantamos na pousada vizinha à nossa (aparentemente, a nossa ia receber uma convenção de políticos locais para uma festa). O dono, Massimo, e sua "assistente", Fatuma (com "u" mesmo), prepararam um minibanquete que só aumentou a vontade de despencar numa cama e só acordar três dias depois...

Dia 3

Agora, nesta praia de Kilwa de onde escrevo, a tela do meu computador é a única fonte de luz. Isto é, se você não reparar na lua que acaba de subir. Tive sorte de não perder este espetáculo, porque Massimo, o italiano que nos ofereceu o jantar de ontem, apareceu para pedir alguma coisa emprestada ao dono da nossa pousada e me avisou que a lua estava para sair. *"Da mun"*, disse ele, com seu melhor sotaque carregado.

Até seis meses atrás, Massimo – que diz que aluga um quarto num bairro de Goiânia (história que, claro, envolve uma mulher que conheceu por lá) – cuidava de um hotel com 250 aposentos em Florença – sua cidade de origem –, até que alguém lhe falou de um hotelzinho que estava à venda neste canto da Tanzânia, famoso por ser um ponto de pesca. Apaixonado por uma boa pescaria, o italiano largou tudo e veio para cá. Nossa motivação não era bem a possibilidade de pegar um

lá e acolá

▶ Com o câmbio de quase seiscentos xelins tanzanianos para um real, é fácil se sentir rico nas ruas de Stone Town, em Zanzibar. O detalhe é que você não vai muito longe com esse dinheiro. Uma mera garrafa de água sai em torno de 3 mil xelins – preço para turista, claro...

Nosso barqueiro com seus óculos "estilosos"

marlim e traçá-lo grelhado no jantar... Viemos, é claro, para visitar um patrimônio da humanidade ameaçado: as ruínas de Kilwa Kisiwani.

Chegamos às ruínas hoje pela manhã, mas menos cedo que eu gostaria. O problema foi que não consegui acordar. Um sono de mais de dez horas, para um metabolismo ativo como o meu, é um evento único... Mesmo assim, acordei cansado – quebrado, é um adjetivo mais apropriado. Felizmente, o patrimônio que visitamos hoje é estupendo.

Para chegar lá, atravessamos de barco (*dhaw*) um pequeno pedaço de mar, conduzidos por um garoto de 8 anos e um adolescente talvez um pouco mais velho, que usava os óculos escuros mais legais que vi recentemente: uma armação "estilosa", mas sem lentes! Era só a armação mesmo, mas ele a usava com uma tal atitude, como se fosse Tom Cruise em *Negócio arriscado*! A travessia foi agradável, e a primeira coisa que avistamos foram as ruínas de um forte português.

Como conta nosso guia, cujo nome tive dificuldade de assimilar – é Astmani, mas o "s" junto com o "t" deve ser pronunciado como um "f" meio surdo... é meio esquisito mesmo –, enfim, Astmani nos conta que a passagem portuguesa por aqui não foi exatamente um triunfo – o que me fez pensar... Essa é uma parte da história das conquistas portuguesas

▶ A vegetação é rica e curiosa nas ilhas que visitamos na Tanzânia. Não faltam palmeiras, claro, mas a marca registrada de Kilwa Kisiwani, por exemplo, é o baobá, com seu tronco grosso e seus galhos secos. Já em Songo M'nara, cruzamos trechos inteiros de mangue como se estivéssemos no Brasil.

que geralmente não é mencionada – talvez porque eles tenham sido expulsos pelos árabes... Mas não sem antes construírem o tal forte que as pessoas chamam de Guereja – sim, parecido com "igreja", apesar de não haver nenhum resquício de templo cristão no local (pelo contrário, o forte ficou conhecido pela crueldade de sua prisão!). Vai entender...

Menino à porta do forte Guereja

A metros dali encontramos nosso tesouro ameaçado: a grande mesquita, que, apesar de estar em ruínas, é belíssima – capaz de evocar toda a riqueza de Kilwa Kisiwani quando era o porto mais importante do leste africano (antes de os portugueses destruírem essa hegemonia com sua base em Moçambique, para onde foram depois de expulsos daqui).

Ficamos boas horas ali – o Lúcio se esbaldando nas imagens –, e ainda deu tempo de visitar mais um conjunto de ruínas, estas de um antigo palácio chamado Makutani. Mesmo com toda essa atividade, a jornada de trabalho acabou relativamente cedo, e fiquei vendo o dia se despedir

lá e acolá

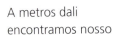

▶ Nas ruínas de Songo M'nara, uma das salas mais curiosas que sobraram deste palácio suntuoso é este espaço para audiências. Nessas escadas, ministros – e, de vez em quando, o próprio sultão – recebiam homens de negócios e embaixadores de outras terras.

na praia – até ter a ideia de pegar o computador para escrever isto e quase perder a lua cheia nascendo, rosada, no céu... *Grazzie*, Massimo.

(...)

Devo dormir cedo, se o sapo que divide o quarto comigo deixar. Ainda não o encontrei, mas, pela proximidade do seu coaxar, ele não só tem a chave do meu chalé – ou melhor, as chaves, porque a fechadura usa uma estranha combinação de uma chave curta para fechá-la e outra longa para abri-la –, como também conhece uma passagem secreta para instalar-se bem embaixo da minha cama.

Dia 4

Depois de passar a manhã visitando outro patrimônio ameaçado – já chegamos lá –, paro um pouco para analisar as perspectivas para as próximas horas: um voo rápido (sem escala em Mafia!) até Dar es Salaam sai daqui a alguns minutos; quatro horas de espera e embarcamos para Zurique – com escala em Nairóbi. Não vamos visitar nenhum patrimônio na Suíça. É só uma escala, para então pegar outro avião para Viena, e, de lá, para Pristina,

Dhaw, de Kilwa, Tanzânia

5 meios de transporte inesperados

- DHAW, barco a vela tradicional de Kilwa, Tanzânia
- KAT-KAT, o "4x4" que usamos para cruzar o Mali
- VAN COM CORTINAS, para nossa segurança no Kosovo
- TUK-TUK, moto com bancos abertos na garupa, Luang Prabang
- LIMUSINE, no aeroporto de Vancouver, Canadá

Equipe deixa Kilwa para seguir viagem

lá e acolá

▶ Vida simples na vila de pescadores: menos de 200 pessoas moram hoje em Songo M'nara, vivendo principalmente de pesca. Essa ilha, que já foi uma das mais poderosas do leste africano, hoje tem uma rotina tranquila, não muito diferente daquela que seus habitantes tinham há séculos.

no Kosovo – nosso próximo destino. Como você se sentiria sabendo que teria de enfrentar isso sem estar exatamente descansado? É exatamente isso que estou tentando elaborar...

Hoje acordamos mais cedo, pois o sítio que visitamos ficava a uma hora de barco de Kilwa – de barco a motor, é claro, porque, se fosse com o nosso *dhaw* de ontem, só chegaríamos a Songo M'nara daqui a semanas! Uma vez na ilha, fomos recebidos por uma aldeia de pescadores bem simples. As poucas pessoas que encontramos remendavam redes de pesca – a principal atividade das cerca de cem famílias que moram lá.

Um senhor mai velho nos ofereceu um peixinho frito, e nós, atentos à etiqueta local, combinamos de comer na volta, logo depois de visitar mais algumas ruínas – essas, de uma grande (ainda mais para a época, século XVI) cidade murada. No caminho, passamos por vários cardumes imóveis secando nos telhados de palha das casas – e por uma trilha de mangue que lembrava o Brasil. (Será que já sinto falta da terrinha?).

Peixes secando nos telhados de palha em Songo M'nara

▶ Viajar pela costa da Tanzânia significa estar preparado para pegar vários aviões pequenos, voar baixo, com bastante turbulência – sem falar das assustadoras decolagens e aterrissagens em pistas curtas de terra. É isso, ou enfrentar dias de viagem por estradas de terra destruídas.

necessidades
básicas

hospedagem

Como já é um famoso destino turístico, Zanzibar oferece boas opções de hotéis charmosos, no antigo estilo colonial, mas com facilidades mais modernas... Em Kilwa, mais próximos da natureza, ficamos em uma pousada com chalés, especializada em turismo de pesca, famoso na região.

comida

Pode parecer exagero, mas a melhor comida que tivemos aqui na Tanzânia foi na vila de pescadores em Songo M'nara. Tudo muito simples, claro: os peixes secando ao sol, um pouco de sal e uma pequena fogueira. Mas que sabor... E o mesmo vale para as lulas e o polvo feitos da mesma maneira...

transporte

Pelo mar ou pelo ar – essas eram nossas duas principais opções. Os barcos tradicionais (*dhaw*) emprestam charme a qualquer travessia. Já os pequenos aviões, que são comuns para cruzar a costa da Tanzânia, são bem menos confortáveis – e até, para quem não gosta de voar, um pouco preocupantes...

A visão da antiga cidade de Songo M'nara é desanimadora. Esse sítio está bastante ameaçado. E, ao contrário da mesquita de Kilwa Kisiwani, aqui não sobrou nenhuma parte do teto de uma construção que pareça ter sido imponente. Nem mesmo os muros que cercavam a cidade estão de pé – deles, só sobrou uma linha de pedras desenhada no chão de terra. Nesse cenário desolador, porém, Astmani nos conta sua história – e fala de seu passado, do passado dessa região da Tanzânia, que já foi riquíssima, com um orgulho que poucas vezes vi – mesmo no meu país...

(...)

Escala em Nairóbi – incomodamente longa. Queria logo embarcar num voo mais longo (essa "perna" durou pouco mais de uma hora), para descansar um pouco. Eu sei, eu sei... quando sua melhor promessa de descanso é uma cadeira de avião, é porque você está realmente nas últimas! Mas é que nossas horas finais na Tanzânia foram especialmente desgastantes. Talvez tenha sido o aeroporto, cuja "sala de espera" para quem está esperando o *check-in* abrir reduz-se aos degraus das curiosas escadas da fachada desse prédio – escadas essas que, aliás, não levam a lugar algum. Ou mesmo a sala de espera "de verdade", depois que você fez o *check-in*, onde bancos de metal nada convidativos são alinhados tão próximos uns dos outros que as fileiras de trás ficam vazias, já que ninguém consegue penetrar no estreito corredor que existe entre elas.

Mesmo considerando como entretenimento os diálogos absurdos com os agentes de imigração (experimente explicar o conceito de uma volta ao mundo a alguém que está simplesmente esperando ouvir uma resposta simples como seu destino final: Zurique ou Amsterdã), os minutos que nos separavam do embarque pareciam elásticos. Improvisei um passatempo: contar quantos elegantes homens de negócio tanzanianos tinham as etiquetas de seus ternos ainda costuradas do lado de fora da manga do paletó (símbolo local de *status*?). Mas isso também não ajudou.

Um passeio pela loja de suvenires tornou a espera ainda mais insuportável. Andando por prateleiras cheias de incontáveis entalhes de madeira na forma de girafas, rinocerontes, zebras, leões, ursos (também

você é capaz de dizer de que época é esta foto? Do auge de Kilwa Kisiwani como centro comercial, político e religioso, séculos atrás? Por que não?

olha o que eu trouxe de lá...

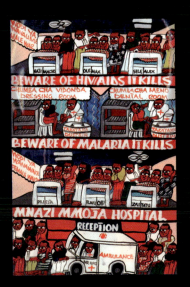

Se eu pudesse, traria de Songo M'nara uma daquelas casinhas de palha onde os peixes ficam secando na cobertura, mudando de cor conforme o sol avança... Mas não deu... Em Kilwa Kisiwani, bloqueei a tentação de trazer um fragmento de porcelana chinesa antiga, algo que se encontra aos montes pelo chão desse que foi um grande centro de comércio – já que estamos falando de preservação, é melhor deixar o passado quieto. Ainda bem que Zanzibar, um agitado centro turístico, tem muitos suvenires a oferecer – até demais... Nas poucas horas que fiquei por lá, comprei correndo uma pintura popular – réplica de um pôster com informações sobre saúde – e uma miniatura de baobá, a árvore característica da região. Ah! E as especiarias! Como ir àquele mercado e não comprar aquilo que justamente fez a fama de Zanzibar? Cravo, canela e um belo maço de baunilha, cujo cheiro, que exalava mesmo dentro da mala, me acompanhou como uma doce lembrança desse lugar por toda a viagem.

achei meio esquisito ter encontrado ursos no meio dessa fauna africana, mas pode ser só uma questão de interpretação...), pensei imediatamente na contradição que era, para um turista que quer levar uma lembrança "única" de um país, perceber que no mínimo mais trezentos bichos daqueles estariam adornando congestionadas prateleiras na Baviera, em Kent, num subúrbio de Milão ou até mesmo na Vila Madalena. Olha que gosto de suvenir, mas dessa vez não deu (minha lembrança da Tanzânia acabou sendo de Zanzibar).

Enfim, embarcam os passageiros em Nairóbi. E 80% deles são... refugiados! Dezenas de crianças – muitas delas, meninas de no máximo 5 anos, já com o véu muçulmano cobrindo-lhes a cabeça – congestionam os corredores com um misto de medo, excitação e curiosidade. Será que elas sabem que estão indo para Zurique? Sabem onde é Zurique?

Os poucos adultos carregam sacolas de plástico onde está escrito OIM – Organizacíon Internacional para las Migraciones. Isso punha um fim em qualquer dúvida sobre a origem daquela multidão que embarcava. Alguns ainda usavam uma camiseta com as letras USRP – que numa pesquisa posterior na internet descobri que significa Undergraduate Student Research Program (Programa de Pesquisa para Estudantes Não-Graduados – será?). E, para não dizer que eles estavam desacompanhados por uma "autoridade" do Primeiro Mundo, alguns homens uniformizados, brancos e fortes, traziam na camisa um bordado que dizia *Repatriation Services* (ou seja, "Serviços de Repatriamento").

E penso: este mundo pelo qual viajo agora é definitivamente diferente daquele por onde viajei há quatro anos. Talvez até um pouco mais assustador...

á e acolá

▶ Só mais uma prova de que vivemos num mundo globalizado (sem julgar se é para o bem ou para o mal): na pequena praia perto da cidade antiga de Zanzibar, um barquinho de pescador batizado de "Mr. Bean" descansa ao balanço da maré...

Não era a primeira vez que percebia isso numa viagem, mas na saída da Tanzânia essa ideia voltou mais forte: poder, glórias, riquezas – tudo isso é mesmo irrelevante quando a gente olha a linha do tempo. **Kilwa Kisiwani**, por exemplo, um dos lugares mais ricos dessa região, admirado em todo o mundo árabe... tempos atrás... Mas a História (com maiúscula mesmo) estaria nos esperando com mais reviravoltas na nossa próxima parada.

da Tanzânia
para...

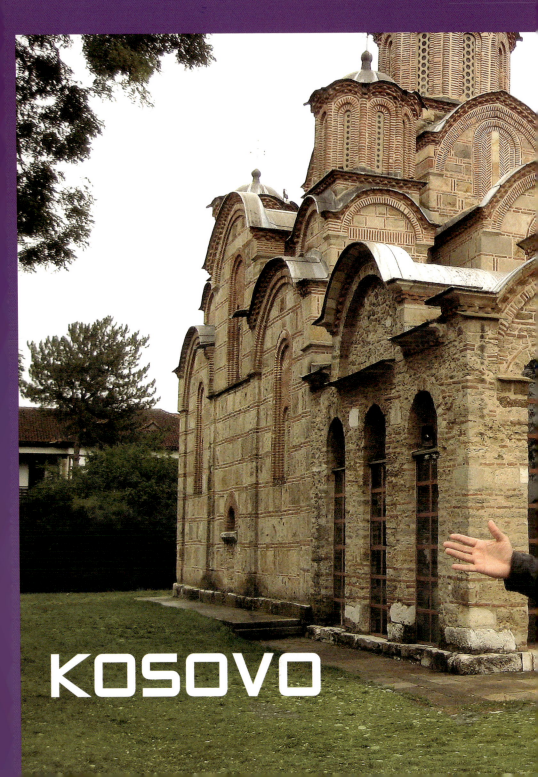

terceira parada

KOSOVO

KOSOVO

Patrimônio desde: 2004 (estendido em 2006)
Na lista dos ameaçados desde: 2006
Latitude: N 42º 39' 40"
Longitude: E 20º 15'56"
Critérios: - intercâmbio de valores humanos
- registro excepcional de uma tradição cultural viva
- exemplo fora de série de arquitetura de um estágio da história humana

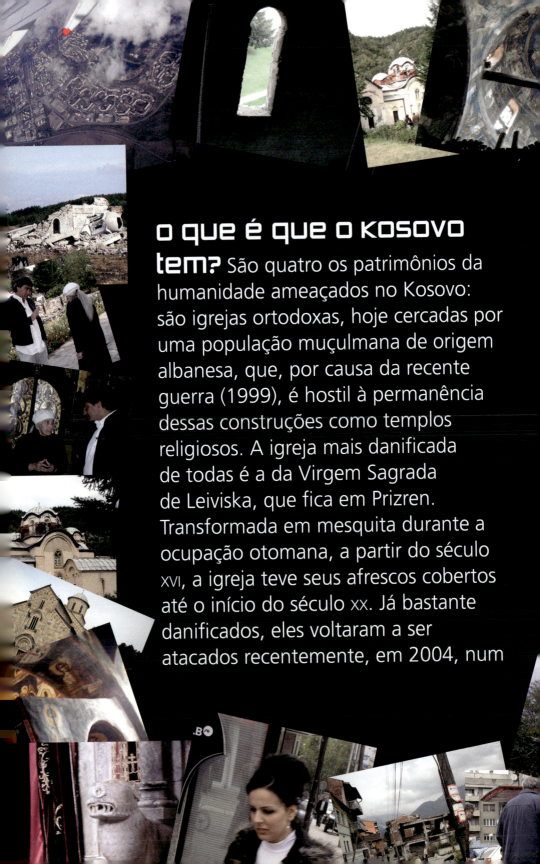

o que é que o Kosovo tem?

São quatro os patrimônios da humanidade ameaçados no Kosovo: são igrejas ortodoxas, hoje cercadas por uma população muçulmana de origem albanesa, que, por causa da recente guerra (1999), é hostil à permanência dessas construções como templos religiosos. A igreja mais danificada de todas é a da Virgem Sagrada de Leiviska, que fica em Prizren. Transformada em mesquita durante a ocupação otomana, a partir do século XVI, a igreja teve seus afrescos cobertos até o início do século XX. Já bastante danificados, eles voltaram a ser atacados recentemente, em 2004, num

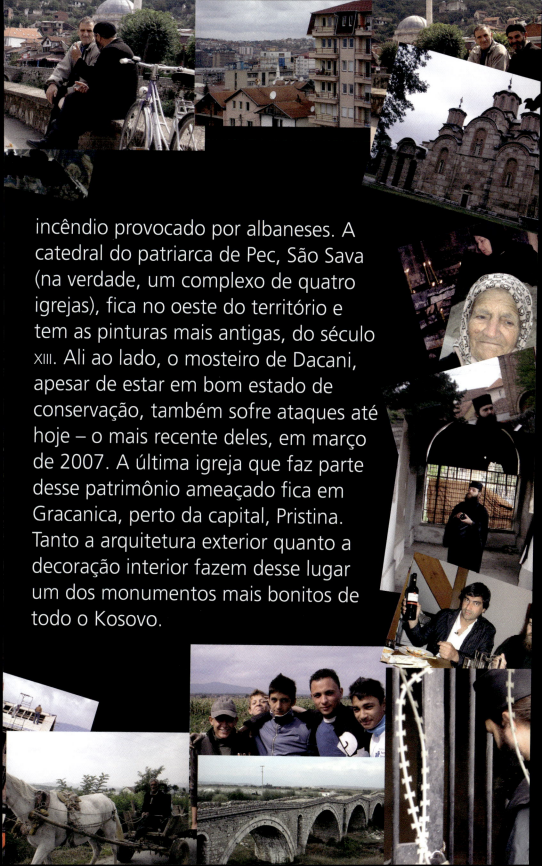

incêndio provocado por albaneses. A catedral do patriarca de Pec, São Sava (na verdade, um complexo de quatro igrejas), fica no oeste do território e tem as pinturas mais antigas, do século XIII. Ali ao lado, o mosteiro de Dacani, apesar de estar em bom estado de conservação, também sofre ataques até hoje – o mais recente deles, em março de 2007. A última igreja que faz parte desse patrimônio ameaçado fica em Gracanica, perto da capital, Pristina. Tanto a arquitetura exterior quanto a decoração interior fazem desse lugar um dos monumentos mais bonitos de todo o Kosovo.

avance com cuidado

igrejas com arames farpados? a fé ameaçada de desaparecer

É ESTRANHO CHEGAR A UM LUGAR onde toda a informação que dele se tem veio de noticiários de guerra. O Kosovo é muito mais do que isso, claro, mas o registro deste viajante era o mesmo que o da maioria da população mundial: o de um país que sofreu anos com uma guerra – e que, mesmo hoje, ainda não pode dizer que está em paz. Está, em teoria. Mas, pelas informações que chegam à imprensa, sabemos que a situação ainda é tensa.

Foi isso que sentimos no momento em que chegamos a Pristina. Fomos ao Kosovo preparados para ver alguns dos patrimônios mais ameaçados do mundo, mas o perigo ali não vinha da deterioração provocada pelo tempo ou da fragilidade do meio ambiente, mas de uma disputa étnica e religiosa. Para nós, brasileiros, que temos uma noção relativamente recente de História – com "H" mesmo –, essa etapa da nossa volta ao mundo foi uma lição: aprendemos que o passado vem sempre influenciar o presente e tornar o futuro imprevisível.

Universidade de Pristina com decoração que só parece arame farpado

Dia 1

Estou cercado de anúncios de relógios – logo, só posso estar em Zurique, na Suíça! Preciso confirmar essa informação com a equipe, pois estou ainda naquele estágio do sono onde acontecem os "movimentos rápidos dos olhos" (ou R.E.M.), também conhecido como sono profundo. Só que estou fora do avião, rodeado por lojas de chocolates – e de relógios! Então, este deve ser o *free shop* do aeroporto de Zurique. Nosso destino agora, claro, é Pristina, no Kosovo. Mas Zurique – agora me lembro – é apenas uma das escalas para chegarmos lá (ainda falta Viena...). Serão quatro horas até a próxima conexão. Acho que até lá consigo acordar.

Chegada ao aeroporto de Pristina, no Kosovo

(...)

Ainda fizemos uma rápida escala em Viena antes de pegar a última perna desse longo trajeto, com destino à capital do Kosovo, Pristina. Quando os passageiros entraram no voo, tive uma sensação curiosa: era o terceiro avião que pegávamos em menos de 24 horas, e cada um deles era povoado por um conjunto totalmente diferente de pessoas. Primeiro, os refugiados e os africanos da Tanzânia e do Quênia, uma maioria negra esmagadora. Depois, uma horda ariana: homens e mulheres altos, loiros e bem vestidos, como se todos estivessem indo para um encontro de negócios em Viena – para voltar a Zurique antes do anoitecer. E agora, a caminho de Kosovo, um novo conjunto de rostos – mais morenos, mais ciganos, ligeiramente mais maltratados que os passageiros do voo anterior, mas com um pouco mais de promessa nos olhos. Era como se

lá e acolá

▶ A guerra é um evento ainda bastante recente no Kosovo, e os vestígios dos conflitos estão por toda a parte, inclusive nas casas – principalmente igrejas ortodoxas – espalhadas pelas estradas. A aparente calma das cidades esconde um clima de tensão que ruínas como essas inspiram. As igrejas eram os principais alvos dos albaneses muçulmanos durante os conflitos.

Problemas com a lavadora? Em Pristina, o serviço sai barato...

grupos de figurantes se revezassem num cenário gigantesco apenas para ilustrar que estávamos cruzando fronteiras.

E estamos, não estamos?

(...)

Estou há pouco mais de cinco horas em Pristina – e com extrema dificuldade para saber que tipo de cidade é essa. Nossa entrada no país foi surpreendentemente sem obstáculos – e olha que eu estava esperando uma forte burocracia, ainda mais porque estávamos viajando com equipamentos (sempre é um complicador em países em conflito). Porém, livres dessas chateações, em pouco tempo fomos liberados para explorar este novo país (para mim). Desde então, estou tentando encaixar a paisagem urbana nas imagens armazenadas na minha memória desde os noticiários da guerra aqui, na década passada.

Do lado de fora do aeroporto, a cidade é uma visão distante – aparentemente um vilarejo cravado no meio de uma região rural. Propriedades que parecem pequenas fazendas dividem o espaço à beira da estrada com oficinas mecânicas, lojas de móveis e, estranhamente, casas funerárias e fábricas de lápides. Tem-se uma estranha sensação de estar em lugar nenhum. Mesmo quando se chega ao centro de Pristina,

▶ Pristina é uma cidade feia, a meio caminho entre a reconstrução pós-guerra e o simples abandono. Sem charme nas construções ou mesmo na paisagem, ela parece apenas um amontoado de equívocos urbanos, onde as pessoas tentam viver melhor.

a impressão é de que ainda não se está lá: você sabe que já está no coração dela, na porta de seu hotel... e onde está "a cidade"?

Depois de alguns minutos no quarto, saímos em expedição para fazer um reconhecimento da área, não sem antes pedir informações para a dupla de adolescentes que tomava conta da recepção. Enquanto um deles, Kushtrim, responde sem remorso que não há nada de interessante para ver em Pristina, o outro, que não se identificou, provava uma roupa nova: uma brilhante camisa marrom. Ele se olhava no espelho com desenvoltura, como se não houvesse um hóspede ali para atender, e faz uma saída tipo passarela de *fashion week*.

Jovens assim, cheios de atitude – e bizarramente preocupados com o visual –, são a presença mais forte nas ruas de Pristina, pelo menos neste começo de noite de quinta-feira. Circulam em pequenos grupos pelas calçadas em frente a dilapidadas construções. Nas calçadas semivazias de Pristina, vitrines cheias de sapatos amontoados – algo que associo imediatamente com ex-regimes comunistas – ou de manequins tristes tentam convencer meninas bonitas de que precisam de moda. Os rapazes, que têm uma dificuldade ainda maior que as moças de reconhecer que são bonitos, andam como que procurando o que fazer, como se precisassem provar para si mesmos que a cidade tem vida.

Dia 2

Pouco antes das onze da manhã, o padre Damjan finalmente fez uma pausa. Desde

lá e acolá

▶ São Sava, o patriarca de Pec – que é também o patrono da igreja ortodoxa sérvia – é sempre representado com seu manto marcado por cruzes (o do canto inferior esquerdo da imagem ao lado). Ele é figura de adoração e aparece nas paredes de várias igrejas no Kosovo, inclusive naquelas que são patrimônios da humanidade, ameaçados agora pela maioria albanesa que predomina no território.

o momento em que fomos encontrá-lo, no mosteiro de Gracanica, a menos de uma hora de Pristina, ele começou a me contar as histórias de perseguição que os sérvios sofreram no últimos tempos – uma perseguição que faz parte de uma disputa que não é recente, mas que, a julgar pela sua narrativa, se intensificou de maneira bárbara na última década. Para mostrar que o que dizia não era invenção nem exagero, sua

Lúcio, Zeca e padre Damjan na van protegida por cortinas

dissertação ganhava uma pausa a cada casa sérvia destruída pelos albaneses na guerra do Kosovo – com ênfase, evidentemente, nas igrejas que foram postas abaixo. Católico ortodoxo, o padre Damjan (cujo nome pronuncia-se "Dâmian") tem um discurso forte para defender sua religião dos ataques dos albaneses muçulmanos, que hoje são 95% da população do país – cuja independência da Sérvia, diga-se, não é (pelo menos até o início de 2009) reconhecida internacionalmente. Um exemplo? Quando paramos para fazer imagens de uma dessas ruínas de guerra, ele chamou nossa atenção para a sujeira em volta do terreno. E, sem o menor remorso, concluiu: "Albaneses!". Esse é o clima que, pelo visto, vamos enfrentar em toda esta escala...

Estamos a caminho de Pec (que se pronuncia "Péch"), para visitar o mosteiro do patriarca da cidade, São Sava. Padre Damjan é um robusto

os lugares de oração que visitamos

- ▶ 12 TEMPLOS BUDISTAS (1 em Djojakarta, Indonésia; 1 em Kahrkhorin, Mongólia; 10 em Luang Prabang, Laos)
- ▶ 5 MESQUITAS (3 em Timbuktu, Mali; 1 em Kilwa Kisiwani, Tanzânia; 1 em Baku, Azerbaijão)
- ▶ 4 IGREJAS ORTODOXAS, em Kosovo
- ▶ 1 IGREJA CATÓLICA, em Zanzibar, Tanzânia

Cristo em ascensão no domo da igreja do patriarca de Pec

sob as marcas da destruição, as pinturas de uma religião e de uma cultura que lutam para não desaparecer: uma igreja, de Nossa Senhora de Leiviska, transforma-se numa mesquita – e depois novamente numa igreja, hoje ainda mais ameaçada

a história de Lazar também é sua

Aos 21 anos, Lazar Stevic está terminando o curso de jornalismo. E diz que tem uma missão: contar em reportagens o sofrimento do seu povo sérvio. Lazar era criança ainda em 1999, quando a guerra do Kosovo estourou, e suas lembranças são as mais tristes. Durante anos, a sensação de medo era constante, com longos períodos em que ele se sentia totalmente desprotegido. Lazar mora com a família e tem dois irmãos menores, que nasceram depois que o pior da guerra já havia passado. Por isso, a caçula da família não entende por que não pode andar livremente, nem mesmo pela vizinhança. Mesmo nesse período de relativa paz, Lazar sente-se como se morasse em um gueto, e não é muito otimista ao falar das chances de as coisas mudarem para a minoria sérvia no Kosovo. Em busca de um pouco de conforto e paz, ele visita sempre a capela do mosteiro de Dacani – que, mesmo cercada por muros e guardada por soldados da Otan, ainda é um frágil alvo em meio às hostilidades entre sérvios e albaneses. Mas esse lugar, como o próprio Lazar conta, é tudo que ele tem.

monge ortodoxo de 32 anos, barba farta e um pequeno rabo de cavalo – que, se não fosse a pesada batina preta, o faria passar por um publicitário com saudade dos anos 80. É um homem seriíssimo e bem-humorado, capaz de falar das mazelas que os sérvios sofreram no mesmo fôlego em que pergunta se estamos gostando da viagem. Depois de quase uma hora de conversa intensa, porém, ele resolveu descansar.

Foi então que aproveitei para tentar colocar em ordem algumas de minhas observações, como a recusa do padre Damjan de andar pelas ruas de Pristina conosco (na verdade, ele disse que não andaria por lugar nenhum com a gente). Claro! Com aquele traje de religioso ortodoxo ele se tornaria um alvo fácil para qualquer albanês. E "alvo", nesse caso, não é mera figura de linguagem... Pelo mesmo motivo, imagino, ele exigiu

Irmã Dobrila mostra seu painel favorito na catedral do patriarca de Pec (no detalhe), *aquele com a árvore da família de São Sava*

que a van em que viajaríamos pelo Kosovo tivesse cortinas nas janelas. O ideal, ele insistia, era que sua figura passasse o mais despercebida possível – algo impossível, aliás, diante da guarita militar onde chegamos.

À entrada do mosteiro do patriarca de Pec, soldados italianos da Otan nos pediam que entregássemos nossos passaportes para poder seguir em frente. Tentei não reparar que eles usavam artilharia pesada e roupas camufladas, nem que a guarita também tinha uma camuflagem como proteção contra ataques aéreos – mas foi em vão. Avançamos ligeiramente tensos.

(...)

Monja Dobrila finalmente fez uma pausa. Se eu achava que o padre Damjan era bom de conversa, descobri que a senhora que nos recebeu no mosteiro do patriarca de Pec é uma maratonista da prosa. Com uma diferença com relação ao padre: ela não abria espaço para o diálogo. Só lhe importava o que tinha para contar sobre as quatro igrejas do local.

Soube de cada detalhe de cada afresco de cada parede de cada igreja, começando pela mais antiga de todas, que é a catedral de São Sava – o patriarca de todos os sérvios, como ela insistia em repetir cada vez que pronunciava o santo nome (literalmente). A irmã Dobrila ia dando ordens, enquanto parava em cada afresco para discorrer sobre a cena que ele representava. Fui sabatinado mais de uma vez com relação às escrituras do Novo e do Velho Testamento. Pelas minhas respostas – e olha que puxei da memória todas as minhas aulas de catecismo – acho que ela não me considerou um católico aplicado... O problema é que ela fazia

lá e acolá

▶ A catedral do patriarca de Pec, São Sava, é ladeada por mais três igrejas. A mais antiga (a própria catedral) é do século 13. Depois, no século 14, foram construídas as outras: de São Demétrio, da Virgem, e a pequena capela de São Nicolau.

perguntas cada vez mais específicas, num exercício que se tornava cada vez mais cansativo. Quando quis saber, por exemplo, se eu podia descrever exatamente o que era o Pentecostes, minha resposta foi tão insatisfatória que ela desabafou, bravíssima, em francês (a língua que ela mesma elegera para dar a entrevista): "Ai meu Deus, vou ter que explicar tudo para esse menino que diz que é católico". Fora a parte do "menino", senti que o clima entre nós só tenderia a piorar...

Infatigável, porém, Dobrila — que já avançava nos seus 70 anos — seguiu com suas histórias mais de três horas. Várias vezes cheguei a me emocionar com seu entusiasmo, especialmente quando ela me mostrou, na segunda igreja que compõe o mosteiro (a de São Demétrio), relíquias antigas — muitas delas queimadas ou severamente danificadas — encontradas em igrejas do Kosovo destruídas pelos albaneses. Embaixo da mesa em que elas estavam expostas, caixas e mais caixas com centenas de peças recuperadas entre os escombros. Naquele santuário, a guerra estava representada por tristes suvenires.

...re a mesa da igreja de São Demétrio, ...quias destruídas ou queimadas na guerra ... Kosovo; sob a mesa, caixas com nomes de ...ras igrejas guardam ainda mais tesouros ...ificados

▶ Uma estranha ironia no cemitério de soldados muçulmanos mortos na guerra do Kosovo. A bandeira ali hasteada não é a do Kosovo, mas a da Albânia. A pergunta que os sérvios fazem é: se estavam lutando pela libertação do Kosovo, por que marcam o território com outra bandeira?

Parede com afresco e detalhe do altar de Dacani

(...)

"Não posso dizer que minha vida seja normal", dizia Lazar, um jovem de 21 anos, estudante de jornalismo, que nos acompanhou, já no meio da tarde, na visita ao segundo mosteiro do dia, Visoki Dacani. Ele faz parte da pequena minoria – apenas 6% da população – sérvia que ainda mora no território do Kosovo (e que não se mudou para a Sérvia por razões financeiras ou porque deseja defender sua cultura e sua religião ali mesmo). E por que sua vida não é normal? Ele se sente vivendo num gueto. Tem que escolher os caminhos por onde anda, sabe que é também um alvo ambulante. E não consegue explicar à irmãzinha de 3 anos por que ela não pode entrar em qualquer loja – sobretudo naquelas cujos donos são albaneses – para olhar uma boneca.

lá e acolá

▶ Duas refeições nos mosteiros ameaçados: um chá (com direito a licor) em Dacani; e um almoço improvisado na igreja dos Arcanjos Sagrados, perto de Prizren, com padre Damjan (cortesia de padre Ksenofont): ovos fritos, pepino, pasta de tomate e o melhor queijo de todo o Kosovo!

Como que para compensar o sufoco do cotidiano que Lazar descreve para a câmera durante a entrevista, o espaço à nossa volta é o mais inspirador possível – descontando o fato de que tivemos de passar por outra guarita altamente armada e camuflada. O monge que nos recebe aqui, o padre Hilarius, conta que o último ataque que o mosteiro sofreu foi em março de 2007 – um míssil que, felizmente, não atingiu nenhuma parte da igreja (que é, diga-se, exuberante). E com a mesma naturalidade com que o padre Damjan transita das histórias mais atrozes para os casos mais pitorescos, o padre Hilarius, depois de contar mais alguns horrores que seu povo sofreu, nos convida para tomar um café nos alojamentos

5 momentos de tensão na viagem

- Barreiras militares nas igrejas ortodoxas, Kosovo
- Mar aberto em bote pequeno, Sgang Gwaii, Canadá
- Cancelamento do voo Bamako-Timbuktu, Mali
- Suspeita de que éramos seguidos num passeio noturno a pé, Baku, Azerbaijão
- Tempestade de neve fecha estrada para Sewell, Chile

dos monges. Saboreamos um chá de ervas das florestas sérvias, com um golinho do licor fabricado por eles mesmos, que era divinal...

(...)

"Não consigo acreditar que esses sérvios ainda acham que um dia isso aqui vai voltar a ser deles!" Depois de passar um dia ouvindo relatos de opressão de sérvios pelos albaneses, o comentário acima, dito por um adolescente albanês que nos vendeu alguns CDs no centro de Pec – animado, já que era sexta-feira à noite – chegou de maneira inesperada. Mas, em pouco mais de 24 horas, tinha aprendido rapidinho a não me surpreender tanto com qualquer história que viesse de ambos os lados deste território dividido por uma guerra – com uma larga vantagem demográfica para os albaneses muçulmanos.

Mesmo assim, o comentário do adolescente soou pesado, agressivo e – pior – gratuito. Estávamos tão convencidos das histórias que nossos entrevistados sérvios tinham nos contado ao longo do dia que quase nos esquecemos de que toda narrativa tem mais de uma versão. E quando ela surge, como nessa conversa informal no centro de Pec, paramos para pensar. Naquele momento eu ainda estava mais envolvido com o lado sérvio, por conta da reportagem que estávamos fazendo. Mas o adolescente albanês, com sua empáfia inocente, me ajudou a refletir sobre esse mundo nada simples em que vivemos.

Eu não estava sozinho nesse raciocínio. Eu, Lúcio e Ian tivemos um debate acalorado durante o jantar sobre as razões que levam os povos a entrar em conflito. Estávamos com fome (quem disse que paramos para

lá e acolá

▶ Mesmo depois de restaurados, os afrescos de Prizren trazem as marcas das lascas que foram tiradas do original. É difícil decidir o que é pior: deixar a pintura danificada ou tentar cobrir os buracos?

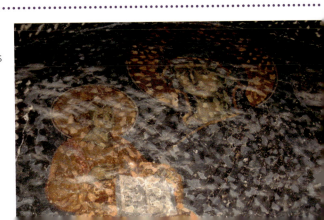

almoçar?) e com vontade de discutir tudo o que havíamos visto e ouvido durante o dia. Assim, depois de termos nos divertido um pouco com a bizarra decoração do restaurante que escolhemos (não que existam muitas opções em Pec) – minha peça favorita de decoração era um pequeno guaxinim empalhado, que tinha, colada no canto inferior, uma pequena reprodução de uma espingarda! –, enfim, depois dessa breve distração, mergulhamos numa profunda discussão sobre as experiências do dia – num sinal claro de que a viagem estava mexendo com a gente...

Dia 3

Novamente passo a manhã com o padre Damjan no carro, e todos os assuntos que achei que ele tinha esgotado ontem voltam com mais detalhes, mais pormenores – e mais crueldade. Uma aula não solicitada de história do povo sérvio poderia ser um porre. Mas ou Damjan é um grande *entertainer* ou o que ele tem para contar é realmente interessante. Já estamos viajando há duas horas e ainda não chegamos às ruínas da Igreja dos Arcanjos Sagrados, nossa primeira parada.

Tentamos sair cedo de Pec, mas tivemos problemas no Hotel Gold – onde estávamos hospedados – que nos atrasaram um pouco. Faltou luz nos nossos quartos, e tive de ir à recepção reclamar. Um senhor que eu ainda não havia visto me pediu – numa língua que acho que era albanês (não tenho ideia de como entendi) – para esperar pelo titular da recepção, um rapaz chamado Orti, que nos atendera na noite anterior. Para passar o tempo, assisti um pouco de TV, sintonizada num canal de videoclipes que parecia ser turco. No canto do monitor,

necessidades
básicas

hospedagem

Num lugar onde as cidades mal estão de pé, um simples conforto já era luxo. Em Pristina, dormimos em num casarão que parecia adaptado para receber hóspedes. Em Pec, um hotel ainda mais simples: meu quarto tinha uma coluna no meio, e o recepcionista também cozinhava o café-da-manhã...

comida

Se existe uma cozinha kosovar, não foi dessa vez que a conhecemos. Tanto que, nas cidades, a pedida era uma pizza num restaurante italiano... Onde comemos realmente bem em Kosovo? No Mosteiro dos Arcanjos Sagrados! Comida "de todo dia", segundo padre Ksenofont, com uma diferença: o vinho! Bom? Bem, digamos que os franceses não precisam se preocupar com a concorrência das garrafas do Kosovo...

transporte

Viajamos bastante pela região do Kosovo: de Pristina a Pec, depois a Prizren, Dracanica e de volta a Pristina. E sempre na nossa van com cortinas na janela – uma exigência de padre Damjan, para a segurança dele... e nossa! Afinal, segundo ele, se os albaneses o vissem circulando por uma área que não fosse sérvia, eles poderiam "atacar" nosso carro – ou até, ainda segundo ele, simplesmente atirar...

Prizren, onde fica a Igreja da Virgem Sagrada de Leiviska, hoje é dominada por mesquitas

porém, apareciam retratos variados (homens de 18 a 78 anos) e números de telefones. Quando Orti chegou, perguntei se o que eu via era mesmo o que estava pensando que fosse: um "classificado do amor moderno". E ele me confirmou. Ele é vidrado nisso (vai entender!), a ponto de ter aprendido um pouco de turco só de assistir a esse canal... Mundo cosmopolita, de fato...

Resolvidas as questões de energia elétrica (temos no nosso equipamento baterias e mais baterias para carregar), retomamos a estrada. São pouco mais de dez da manhã e o padre Damjan, do fundo da van protegida por cortinas, me chama para mais um capítulo sobre a luta dos sérvios...

(...)

Os filmes de Pedro Almodóvar não são exatamente um assunto que você espera discutir com um monge ortodoxo. Este é, contudo, um dos

tópicos sobre o qual o padre Ksenofont discorre com mais intensidade – apesar de concordar que a temática do diretor espanhol não combina muito com a rotina de um mosteiro... Ksenofont é nosso anfitrião nas ruínas da Igreja dos Arcanjos Sagrados, e nos recebe não apenas com uma bela explanação (mais uma versão do massacre que os sérvios vêm sofrendo nos últimos anos, bem como suas

No Mosteiro dos Arcanjos Sagrados

explicações para esse fenômeno – com direito a altas acusações contra os "poderosos países do Ocidente"), mas também com um belo almoço improvisado: ovos fritos, dois tipos de queijos deliciosos, pepinos em conserva, atum idem, e uma pasta de pimentão que é uma iguaria. Ah! E um vinho local...

Durante a refeição, falamos de música *pop* (!), internet (ele pegou o endereço do meu blog!) e sobre línguas – mais especificamente o português, que ele fez questão de sair arranhando apenas com noções básicas que passei ali na hora (e eu que achei que tinha facilidade para línguas...). A conversa estava tão boa que quase esquecemos os compromissos da tarde: o mais imediato deles, a visita à Igreja de Nossa Senhora de Leiviska, quase totalmente destruída (mais de uma vez), em Prizren, a menos de quinze minutos de onde estávamos.

lá e acolá

▶ Padre Damjan, que nos acompanhou nas visitas a todas as igrejas ameaçadas, gosta de ficar dos dois lados das câmeras – quando não se sente ameaçado. Fotografia é seu hobby, e também, como ele contava, uma maneira de registrar as ameaças dos albaneses à sua cultura e sua religião.

A beleza e a serenidade de uma missa de fim de tarde, em Gracanica, quase nos fizeram esquecer que esta é uma igreja ameaçada

Chegamos rápido, mas nos deparamos com um curioso obstáculo: como ela fica bem no centro da cidade, onde nossa van não podia entrar, tanto Ksenofont como Damjan teriam de andar, trajados com sua roupa religiosa, em meio à população local – basicamente albanesa e muçulmana (ou, se preferir, "inimiga"). Não tínhamos alternativa a não ser sair a pé mesmo, num passo rápido – e era impressionante ver o rosto das pessoas com que cruzávamos. Algumas senhoras mais velhas chegavam a cobrir o rosto diante do que viam, enquanto os mais jovens nem se preocupavam em disfarçar a animosidade que sentiam.

O padre Ksenofont nem se alterou – a não ser para brigar, já na porta da igreja, com um senhor que dizia ser vigia do local e tentava impedir nossa entrada. Ao ouvir isso, o padre Ksenofont subiu a voz e disse que aquela era uma igreja dele, que ele era o responsável e que não ia receber ordens de um estranho. Passado esse incidente, porém, o padre mostrou com "orgulho torto" o que havia sobrado dos afrescos originais do século xiv – e que foram cobertos com gesso pelos turcos que transformaram a igreja numa mesquita e assim permaneceram durante séculos. Redescobertas no início do século xx, as pinturas preciosas, já frágeis, com marcas de grandes buracos, foram severamente danificadas mais uma vez, em 2004, num incêndio provocado pelos albaneses. Não sobrou quase nada – e o triste espetáculo das imagens escuras e danificadas me remeteu mais uma vez à força da História (com maiúscula mesmo) que nos acompanha desde ontem. Depois dessa visita meio triste, deixamos Ksenofont de volta no seu mosteiro – já mencionei que a guarda aqui é feita pelo Exército alemão? – e seguimos estrada afora, com o padre Damjan ainda mais inspirado em contar histórias, talvez pela prolixidade e simpatia de seu colega.

lá e acolá

▶ Dois ângulos do boxe do banheiro do meu quarto do hotel em Pristina. Além de regular os jatos do chuveiro (oito opções – fora as combinações!), o console na parede ainda dava opções de música e o teto ainda tinha luzes coloridas e piscantes. Capacidade: quatro pessoas (quinta opcional).

(...)

Em vez de História, porém, o assunto desse último trajeto do dia foi outro, que também fica melhor se grafado com maiúscula: Fé. O padre Damjan, que já esbanja magnetismo, fica então iluminado ao falar de sua descoberta, que veio quando tinha 25 anos (curiosamente, a média de idade dos monges nos mosteiros que temos visitado). Antes ele tinha a vida de um jovem normal – namoradas, festas e outras diversões, tanto quanto a guerra lhe permitia. Os sacrifícios que passou a enfrentar para mudar radicalmente seu estilo de vida, porém, tornaram-se irrelevantes, segundo ele, quando ele optou pela religião, uma escolha, como ele gosta de reforçar, totalmente espontânea. Com seu inglês quebrado, que ele tenta disfarçar com pequenos sorrisos no meio da frase – na verdade, uma pausa que lhe permite procurar a melhor palavra para continuar –, Damjan mais uma vez transformou uma conversa que poderia ser chatíssima numa hipnótica palestra disfarçada.

Ele não deve ter feito isso de propósito, mas o fato é que, quando retornamos a Gracanica, estávamos com o espírito preparado para ver a liturgia que estava sendo conduzida na igreja de lá. Seu interior era muito escuro, como o de quase todas as igrejas que visitamos – mal se viam os afrescos bizantinos que ainda sobravam nas paredes. Em compensação, ouviam-se muito bem as orações cantadas pelas freiras de Gracanica (que é um convento onde padres podem se hospedar). Não era possível entender nenhuma palavra – talvez eu tenha, a certa altura, percebido um "aleluia", mas não tenho certeza. Mas a melodia, e sobretudo a intensidade daquilo que elas cantavam, era emocionante. Hoje um céu nada generoso, bastante nublado, nos acompanhou desde

▶ No parque principal de Pristina, uma igreja ortodoxa que foi abandonada mesmo antes de ser concluída. O abandono da cidade em geral (que pode ser visto em outros cantos do parque) ainda é consequência da longa guerra que devastou todo o Kosovo.

olha o que eu trouxe de lá...

No aeroporto de Pristina é possível encontrar a novíssima bandeira do Kosovo estampada em curiosos suvenires: flâmulas, isqueiros, faixas de cabelo e – o mais curioso de todos – miniaturas de luvas de boxe! Comprei algumas dessas lembranças apenas como um registro, porque, dessa emocionante passagem da volta ao mundo, as melhores lembranças são as reproduções de imagens de Jesus e de santos da igreja ortodoxa vendidas nos templos que visitamos – em especial uma que inclui uma imagem de São Sava, o grande patriarca do povo sérvio, com seu manto branco repleto de cruzes negras. Para mim, esses pequenos ícones significam menos um objeto de devoção do que um fragmento de uma cultura e de uma religião que se recusam a ser esquecidas.

Detalhe dos domos da igreja de Gracanica, a mais bonita que visitamos no Kosovo

a manhã, e o final de tarde foi especialmente cinzento. Diante daquela cerimônia, porém, nosso dia não poderia ter terminado mais iluminado.

De volta a Pristina, estranhamente, nenhum de nós, da equipe, quis sair para jantar. Nos recolhemos cada um no seu quarto, provavelmente mexidos com o que havíamos acabado de ver – mas sem coragem ou talvez sem saber onde encontrar as palavras que descrevessem o que estávamos sentindo.

Dia 4

Ontem, quando o adolescente que faz as vezes de gerente e *concièrge* na recepção do hotel de Pristina respondeu que meu quarto não era o mesmo que peguei da primeira vez, mas um ainda melhor, senti uma certa malícia nas suas palavras. Só hoje de manhã, quando fui tomar banho, entendi sua mensagem: ele havia me colocado num quarto com uma superbanheira de hidromassagem que funciona também como discoteca – não muito diferente da do outro quarto onde fiquei, a não ser pelo fato de que essa era para duas pessoas...

Talvez você tenha estranhado a palavra "discoteca" na frase anterior, mas como descrever melhor um espaço onde se pode controlar a música (o rádio FM fica ao lado do apoio para sabonete) e ainda traz luzes coloridas no teto? Ah, também é possível lavar-se nela – depois que você escolheu um dos inúmeros tipos de jato para a água sair: de cima, do lado, nas diagonais, num espiral crescente, decrescente, em intervalos regulares, irregulares, em pingos curtos ou em cascatas tropicais, ou mesmo numa mistura de vários estilos que transforma seu banho numa atração do Cirque du Soleil.

Pena que estou sem tempo... Temos de estar logo cedo de volta a Gracanica para entrevistar (agora, oficialmente) o padre Damjan!

(...)

Um dia que começa com um batizado sempre promete. Claro que as crianças que recebiam o sacramento não eram nossas conhecidas – no Kosovo? –, mas, mesmo assim, é uma dádiva ver as famílias tão felizes num momento como esse. As crianças, claro, pareciam menos felizes: um garoto de 3 anos, ligeiramente desconfortável na gravata borboleta que o fazia parecer mais velho (5 anos?), e um bebê de apenas semanas,

lá e acolá

▶ Como se não bastassem as guaritas com soldados do exército da OTAN já do lado de fora dos muros de todas as igrejas que visitamos, cartazes nas portas das próprias igrejas lembram que o perigo está sempre presente. Em Gracanica, por exemplo, encontramos este cartaz que não deixa dúvidas quanto à sua mensagem: é proibida a entrada com câmaras fotográficas... e armas de fogo!

que chorava incessantemente. Mas o cenário era, mais uma vez, Gracanica – onde nada é menos que bonito. Nem mesmo o aviso que proíbe a entrada de câmeras e armas – isso mesmo: a imagem de um revólver com uma tarja vermelha por cima! – bem na porta da igreja é capaz de quebrar a relativa alegria do momento.

Falamos então com o padre Damjan, que se revelou pouco otimista com o futuro das igrejas ortodoxas isoladas no Kosovo. Ele deu a entrevista em sérvio, num tom mais grave do que o de nossas longas conversas na van. Mas essa era a mensagem que ele queria passar, de alguém que está acuado e preocupado com a continuidade das suas tradições – dei um desconto. Segundo ele, a ideia dos sérvios é esvaziar todas as igrejas e preservá-las apenas como monumentos, mas não como templos vivos, onde cerimônias – como o batismo que estávamos presenciando – aconteçam. "Se nós desaparecermos, nossa cultura desaparecerá", conclui ele, pouco esperançoso. Nos despedimos – inesperadamente – como velhos amigos.

Voltando a Pristina, tinha ainda uma hora para aproveitar a "cidade grande" antes de sair para o aeroporto. Decido andar pela vizinhança do hotel. É domingo, hora do almoço, e continuo com a mesma sensação estranha que me acompanhava desde a minha chegada, três dias atrás. O conjunto de ruas, casas, prédios e pessoas não parece formar uma cidade. E, pior: já nem acho as pessoas tão bonitas como no primeiro dia. Para mim, parecem simplesmente tristes. Depois de tanta informação, tantas versões de uma disputa que – como aprendi – não começou em 1999, mas séculos atrás, deixo o Kosovo meio triste. Ou melhor, meio desanimado com o mundo – quase achando que isto que vemos por aqui é normal.

▶ Várias vezes, "recrutamos" pessoas que estavam pela área onde estávamos gravando para ajudar com os equipamentos. Aqui, dentro dos muros de Gracanica, um garoto sérvio ajudou a segurar o rebatedor de luz, este grande disco prateado que reflete a luminosidade do céu nublado.

Impossível não sair "mexido" desta passagem. Conhecemos, é verdade, mais um lado da história (o sérvio) do que o outro (o albanês). Mas a questão maior, pelo menos nesta viagem, não é quem está certo ou errado, mas não deixar que um patrimônio da humanidade desapareça. Transformar templos vivos em meros museus? Nem pensar! Além de disputas étnicas, o que mais ameaça nossos tesouros?
É o que vamos descobrir na próxima parada.

do kosovo para...

quarta parada

BAKU, AZERBAIJÃO

Patrimônio desde: 2000
Na lista dos ameaçados desde: 2004
Latitude: N 40º 22'00"
Longitude: E 49º 50'00"
Critérios: exemplo fora de série de arquitetura de um estágio da história humana

BaKU

o que é que Baku tem?

A mesma Torre da Donzela que manteve a cidade "virgem" – isto é, sem ser invadida durante dois milênios – tornou-se foco de atenção da comunidade mundial desde 2003, quando Isherisheher entrou para a lista de patrimônios da humanidade ameaçados. A cidade murada de Baku – a parte antiga da capital do Azerbaijão – estava inscrita como patrimônio desde 2000, mas a deterioração de seus monumentos fez soar um alarme, e há pouco mais de cinco anos o centro de preservação de Isherisheher luta para restaurar a antiga glória da torre, das ruínas à sua volta, do Palácio de Shirvanshah, dos muros que cercam

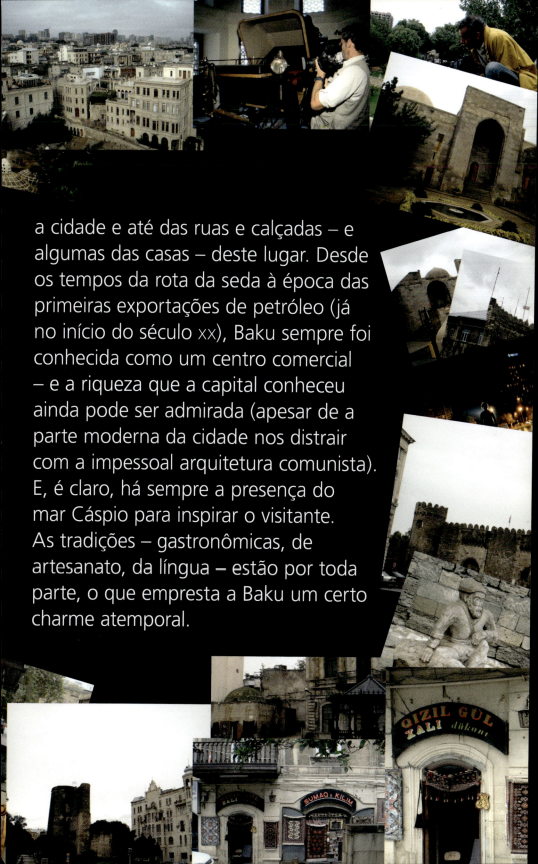

a cidade e até das ruas e calçadas – e algumas das casas – deste lugar. Desde os tempos da rota da seda à época das primeiras exportações de petróleo (já no início do século xx), Baku sempre foi conhecida como um centro comercial – e a riqueza que a capital conheceu ainda pode ser admirada (apesar de a parte moderna da cidade nos distrair com a impessoal arquitetura comunista). E, é claro, há sempre a presença do mar Cáspio para inspirar o visitante. As tradições – gastronômicas, de artesanato, da língua – estão por toda parte, o que empresta a Baku um certo charme atemporal.

dentro dos muros

bem no encontro entre oriente e ocidente

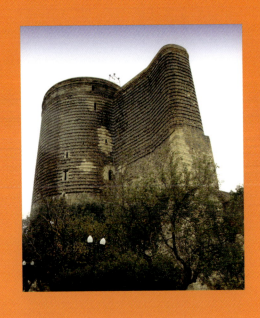

MINHA CURIOSIDADE EM VISITAR BAKU, a capital do Azerbaijão, vem de longa data, desde que li um artigo sobre um notório filho da cidade, Lev Nussimbaum – mais conhecido como Kurban Said, pseudônimo que o tornou famoso como autor de uma mirabolante história de amor que fez sucesso na Europa dominada pelo nazismo, *Ali e Nino*. Descobri Lev/Kurban em uma biografia de 2005 (*O orientalista*, de Tom Reiss) e fiquei fascinado. Embora ele tenha passado apenas uma pequena parte da vida em Baku, sua história de múltiplas metamorfoses me hipnotizou – bem como sua descrição da cidade como uma das mais ricas da região do mar Cáspio no final do século xix, início do século xx.

Baku logo se beneficiou de um negócio "novo" chamado petróleo. O dinheiro que não parava de chegar e a mistura de culturas que sempre existiu na cidade ajudaram a construir um rico imaginário – que, por uma feliz coincidência, se tornou hoje um patrimônio da humanidade. Quanto exatamente eu iria encontrar desse passado de glória da "pérola" do Azerbaijão, porém, era para mim um mistério...

Os muros protegeram por séculos a cidade de Baku, e hoje, patrimônio ameaçado, são eles que precisam de proteção

Dia 1

Fui lembrado de que estávamos indo para uma ex-república socialista soviética da maneira mais abrupta possível: ao ser extorquido na hora de pagar o excesso de bagagem no Aeroporto Charles de Gaulle, em

Paris, de onde saía nosso voo para Baku. Viajamos com equipamento pesado, e por isso estamos acostumados ao procedimento. Mas quando fui informado de que não poderia pagar o peso excedente com cartão de crédito (como fizemos nas mais remotas partes do mundo), mas só em euros, e direto para as mãos do funcionário que me cobrava (e que sequer estava atrás do balcão com o uniforme da empresa), imediatamente me veio um *flashback* do inesquecível voo com a Uzbequistan Airlines na outra volta ao mundo (de Nova Déli para Almaty, Cazaquistão, e depois para Tashkent, no Uzbequistão).

Diante da truculência com que fomos atendidos no *check-in* da Azerbaijan Airlines, vi que essa experiência – que contei em detalhes bizarros no livro da primeira volta ao mundo (só para lembrar uma passagem, todas as bagagens de mão eram guardadas na frente da saída de emergência!) –, prometia se repetir. Ainda nem havíamos chegado lá (era cedo, antes das dez da manhã em Paris) e já estávamos nos estressando... Um sinal de que teríamos uma etapa difícil pela frente?

(...)

Escrevo isto tarde da noite, já no quarto do hotel em Baku. Eu bem que queria ter registrado todos os detalhes do inacreditável voo que pegamos. Mas depois de ter sido repreendido pela aeromoça da Azerbaijan Airlines por ter usado minha câmera fotográfica – ainda no solo, quando o embarque ainda estava acontecendo –, achei melhor não tocar em nenhum aparelho eletrônico (especialmente no *laptop*!) durante as longuíssimas cinco horas e meia que separam Paris da capital do Azerbaijão.

lá e acolá

▶ A única lembrança do voo da Azerbaijan Airlines foi este lenço umedecido... Fiz questão de registrar o manual de instruções de emergência – uma obra-prima da simplicidade...

Isso aqui é seu   119

Homem conserta cadeira nas ruas antigas de Baku

Fiquei tão indignado com a bronca – algumas companhias limitam o uso de celulares e computadores durante a decolagem, mas proibir uma foto quando o avião ainda estava com as portas abertas? – que "peitei" a aeromoça. "É por uma razão de segurança?", perguntei. E ela, demonstrando que não havia passado da aula de inglês que explica que "o livro está sobre a mesa", simplesmente me apontou o folheto de instruções – que, aliás, mostrava claramente que qualquer aparelho eletrônico deveria ser desligado "somente" no pouso e na decolagem.

Irritado – e talvez a fim de criar um caso –, insisti na pergunta. A aeromoça respondeu com um piscar frenético dos olhos, que, se não me valeu como justificativa da proibição, serviu para me chamar a atenção para seus cílios, praticamente uma escultura de rímel! Mais que isso: era como se ela tivesse aplicado uma camada do cosmético por cima da outra desde os anos 70 – várias vezes, sem tirar os resíduos da aplicação anterior, como um pedreiro porcalhão faz com massa corrida... Em pouco tempo, percebi que todas as suas colegas de bordo – bem como

▶ Bem-vindos a Baku! Já no aeroporto, depois de uma longa perna de viagem (mais um considerável atraso da Azerbaijan Airlines), a primeira estranheza com a língua azeri. O alfabeto não é bem o ocidental, também não é o cirílico, tampouco o turco – embora seja parecido com os três.

Detalhe do cemitério: ruínas encontradas em escavações em Baku

algumas passageiras – usavam a mesma maquiagem tão peculiar. Seria o rímel uma espécie de fixação nacional? Um afrodisíaco irresistível para os homens azeris? Ou simplesmente o resquício de um manual de beleza da era comunista?

Quando finalmente decolamos, com duas horas e meia de atraso, e mais uma hora de diferença do fuso horário, já não seria possível fazer nada do que havíamos planejado. E mais: se trabalhar no Azerbaijão fosse tão difícil quanto no Uzbequistão, certamente teríamos problemas pela frente...

Tentei reorganizar nossa agenda durante o voo, mas a sinfonia de choro de crianças era invencível. Quando finalmente elas caíram no sono (santa pressurização de cabine!), embarquei junto com elas – e não houve o que me acordasse pelas próximas duas horas, nem mesmo o cheiro terrível da comida, que (como me contou depois o Ian) era intragável.

lá e acolá

▶ A frota de carros de Baku parece ser toda de Ladas! Lembra quando esse carro russo "tomou conta" do Brasil? Era barato e todo mundo correu para comprar. E quanto tempo durou essa euforia? Até eles começarem a quebrar em série... Por lá, eles ainda circulam – daquele jeito...

Nossa equipe, mais a comitiva de recepção de Baku, num banquete no *caravansaray*

Quando desembarcamos – toda tortura uma hora tem fim! –, percebi que nem todos tinham Baku como destino final. Com exceção de algumas sacoleiras – que, no bom estilo de tantos "trabalhadores" brasileiros que atravessam a Ponte da Amizade para o Paraguai, despacharam enormes sacolas de plástico "protegidas" com fita isolante prateada – e algumas famílias avulsas, a maior parte dos passageiros pegaria outra conexão para Teerã, no Irã.

Pensei mais uma vez na questão das fronteiras, e nas pessoas que as atravessam. Povos e tribos e culturas tão desconhecidos para nós – que temos uma referência, primeiro brasileira, e depois latino-americana (e norte-americana!) –, que nem chegam a cruzar os horizontes da nossa imaginação. No entanto, essas pessoas estão lá, viajando de Paris para Teerã – via Baku –, e isso é a coisa mais normal... E nós, que viajávamos também, chegamos já à noite a esta cidade que é um mistério que há anos quero desvendar: tão importante na rota da seda, tão rica quando se iniciou a exploração do petróleo, tão decadente quando passou a ser

s grandes (e deliciosas) refeições

- Almoço de recepção num *caravansaray*, Baku, Azerbaijão
- Jantar preparado pela Susan, em Rose Harbour, Canadá
- *Ceviche* típico peruano, Trujillo, Peru
- Carneiro assado na pedra quente, vale do Orkhon, Mongólia
- Almoço improvisado no Mosteiro dos Arcanjos Sagrados, Prizren, Kosovo

num lugar que é passagem para tantos destinos, é o vento que decide qual o caminho a tomar. Fosse viajando pelo Cáspio, para o Oriente, ou por terra, para a Europa, era em Baku que todos deixavam um pouco de história

a história de Myr também é sua

Quantas pessoas podem se orgulhar de ter uma família que vive no mesmo lugar e na mesma cidade há oitocentos anos? Certamente, ninguém no nosso "jovem" Brasil, com seus pouco mais de cinco séculos de existência. Mas Myr Tuemur, artista plástico residente de Isherisheher, a área definida pelos antigos muros de Baku, no Azerbaijão, certamente pode. E se orgulha imensamente disso. Nossa entrevista girou em torno dos dois assuntos que mais o fascinam: sua arte e seu passado. Myr é capaz de perder-se em digressões históricas que remontam a um passado bem mais longínquo que seus 60 e muitos anos (não declarados...). Da cidade, ele cita o passado glorioso e arrisca palpites para a solução de problemas recentes – inclusive a preservação de Isherisheher como patrimônio da humanidade. Da sua arte, ele fala com a paixão de quem considera cada pequena peça de cerâmica – sua especialidade – uma criação para a eternidade, apesar de sua natural fragilidade. Em seus azulejos, sinos, pratos, vasos e rostos estilizados, Myr expressa seus valores. Com a mesma elegância e generosidade com que presenteia os visitantes de seu ateliê.

uma das repúblicas socialistas soviéticas (sob o controle dos russos)... E agora, tão o quê?

No longo caminho do aeroporto até o hotel, que alternava avenidas bem pavimentadas e iluminadas e ruelas esburacadas e escuras, eu ia tentando desenhar o contorno de uma cidade pela qual me interessei desde que li a tal biografia de Lev Nussimbaum (ou Kurban Said) – e que amanhã, depois de um sono merecido, vou conhecer de perto.

Dia 2

As autoridades locais estavam felicíssimas de nos receber – com toda a formalidade e o protocolo de uma visita oficial. Afsana é o nome da nossa acompanhante, que veio nos buscar logo cedo no hotel, situado na parte mais moderna da cidade, com sua dura arquitetura comunista (e não na antiga, que é patrimônio da humanidade). Ela chega acompanhada de seu colega Emile, mais cedo do que havíamos planejado: o dia está chuvoso, e ficamos inseguros com as imagens que faríamos. Mesmo sob a garoa, porém, logo estávamos entre os muros da cidade antiga – conhecida como Isherisheher (tente falar isso rápido, e com sono... a pronúncia é algo perto de "ichericherrér"). Mais precisamente na sala do senhor Kamran Imanov, professor de história e responsável pelo departamento que cuida da conservação histórica e arquitetônica de Baku.

Sua mesa de trabalho me deu saudades da minha – isto é, da bagunça da minha... Das suas dunas de papel saía uma pequena bancada perpendicular – como aquelas que já vi em audiências perante juízes –, onde nos serviram chá e frutas. Passamos por um breve discurso oficial sobre a história de Isherisheher – e logo estávamos explorando a área em torno da antiga torre (mais de dois mil anos!), lutando para fazer boas imagens quando a chuva dava um tempo – que podia ser medido em segundos... A meteorologia definitivamente não estava do nosso lado em Baku.

Subimos sem sacrifício os degraus milenares da Torre da Donzela – nome curioso do monumento, atribuído, como conta uma das muitas lendas, ao fato de ela sempre ter protegido a cidade murada de Baku de invasões estrangeiras... Lá do alto, tem-se uma incrível vista do mar Cáspio (que deve ser mais bela ainda quando faz sol!). Olhando o resto do contorno da cidade, senti que o peso da História (aquela com maiúscula mesmo), assim como no Kosovo, ameaçava se impor novamente. Que cultura é essa? Que passado eles têm? Onde estou me metendo?

(...)

Breve sesta depois do almoço/banquete no caravansaray

O almoço estava terminando, e eu temia que nosso anfitrião, o professor Imanov, fizesse mais um brinde pelo futuro do Azerbaijão e do Brasil. Foram mais de duas horas de uma estranha conversa triangular, na qual o professor nos presenteava com nacos da história de seu país – que Afsana traduzia para o inglês em fragmentos dispersos. Depois de vários brindes (mais de seis na minha conta, todos com vodca – bebida que, aliás, não me agrada...), eu já estava preocupado com o horário – mais especificamente com a luz, pois o tempo não estava melhorando e ainda precisávamos gravar um bocado de coisas antes que a noite caísse. Fiquei mais aflito ainda quando chegou a sobremesa – e com ela mais um brinde: "Para duas grandes nações do futuro: Brasil! Azerbaijão!". Haja saúde...

lá e acolá

▶ As pequenas salas que eram abrigos para viajantes deste *caravansaray* hoje fazem parte deste restaurante azeri, Buxara, indicando que os que passavam por lá vinham de Buchara, no Uzbequistão. O espaço mudou muito pouco em séculos, mas a decoração ganhou toques luxuosos.

O cenário era maravilhoso: um antigo *caravansaray* (uma espécie de pousada, onde antigamente os viajantes descansavam, comiam e seguiam com suas mercadorias), reformado para transformar em salas de comer seus antigos quartos – que, como me contaram no almoço, estavam sempre lotados de mercadores que vinham de Bukara, no Uzbequistão). Mas, ambientação à parte, o fato é que comemos demais...

Era a primeira refeição "completa" que eu fazia em muitos dias. Mesmo para um glutão como eu, o cardápio (tradicional) era um exagero: primeiro, uma fartura de frios – de caviar (abundante!) a um enroladinho de beringela com nozes que era sensacional; depois, *dushbara*, um caldo com nhoques recheados de carneiro; depois, o *qutab*, um crepe bem fino de vegetais... e de carneiro; depois, o *kabab*, que no Brasil a gente encontra como *kebab*, um rodízio de espetinhos de peixe, frango e... carneiro!; depois, o prato mais delicioso de todos, o *ash*, ou *plov* (eles usam os dois nomes!), um arroz com frutas secas, manteiga e – adivinhe! – carneiro; e, para terminar, *dolma*, que a gente conhece como charutinho de folha de uva, também recheado com arroz e... carneiro! E não esqueçamos a sobremesa: um doce de amêndoas chamado *paxlava* (que lembra o *baclava* turco).

Mais um brinde para as duas nações do futuro? Por que não? Viva o Brasil! E viva o Azerbaijão! De novo!

▶ Na antiga cidade de Baku, a tradição do comércio ainda está presente – e como! As lojas de tapetes (inclusive "voadores"!) são a maioria, mas também é possível encontrar (para quem quiser dar uma boa garimpada) pequenas casas com boas pechinchas e "antiguidades" – com e sem aspas!

Pátio interno do Palácio de Shirvanshah, com ruínas de uma antiga mesquita

lá e acolá

▶ Baku tem uma curiosa mistura de Oriente e Ocidente – um charme que muitas vezes me lembrou Istambul, na Turquia. E o lugar onde isso fica mais evidente, sobretudo na arquitetura, é no Palácio de Shirvanshah, com seus arcos e ornamentos de clara inspiração árabe.

(...)

Que cara têm os azeris? Chegando à noite ao hotel, depois de um dia inteiro encontrando rostos, me dei conta de que não estava preparado para o tipo físico que encontrei aqui. Ou melhor, não tive nem tempo de elaborar o que iria encontrar. Achei que veria tipos como os do Uzbequistão (meu registro anterior nesta parte do mundo): gente alta, de rosto quadrado, traços dramáticos, olhos claros e ligeiramente puxados.

Mas os azeris são mais parecidos com os turcos – uma comparação que provavelmente os incomodaria. Linhagem por aqui é uma coisa importante (tanto quanto no Kosovo), e confundir um turco com um azeri é ofensa grave. No entanto, pelo menos no tipo físico, eles trazem a beleza que costumo ver na Turquia. Não são altos – nem os homens nem as mulheres. Mas têm o rosto definido e traços escuros: a sobrancelha, os olhos, o cabelo – e, para os homem, a barba e o bigode. Eu diria até que eles esboçam uma simpatia turca (que até hoje me faz ter Istambul na memória como uma das minhas cidades favoritas) –, não fosse a incômoda sensação de estarmos sendo vigiados o tempo todo...
Depois do nosso almoço no *caravansaray*, fomos explorar o Palácio de Shirvanshah – uma incrível relíquia arquitetônica e um excelente registro da cultura árabe nesta região. Construído no século 15, ali existem, além do próprio palácio, uma mesquita, um mausoléu, as ruínas de um *hammam* (uma enorme sala de banhos), redescobertas só no século 20 – sem falar nos resquícios de outra mesquita que foi encontrada submersa no mar Cáspio e cujas pedras, nas quais foram esculpidos textos em árabe, agora enfeitam parte do jardim.

5 livros que inspiraram esta viagem

- *O orientalista*, Tom Reiss (para o Azerbaijão)
- *A dragon apparent*, Norman Lewis (para o Laos)
- *The race for Timbuktu*, Frank T. Kryza (para o Mali)
- *Mongólia*, Bernardo Carvalho
- *The Zanzibar chest* (para a Tanzânia)

Fachada da livraria com o nome do livro que inspirou nossa ida a Baku, Ali e Nino

Ao longo de todo esse passeio lindíssimo, porém – e nos outros cantos que visitamos da cidade murada de Isherisheher –, de vez em quando apareciam um ou dois elementos a mais na comitiva que nos acompanhava. Surgiam do nada. Se nem todas as figuras que nos rondavam pareciam saídas de filmes recentes de James Bond (um dos nossos motoristas, tenho quase certeza, vi cometendo um crime em *Casino Royale*!), a maioria dava a impressão de nos observar de muito perto.

Tínhamos liberdade para fazer as imagens que quiséssemos, conversar com quem quiséssemos, mas pairava sutilmente no ar a desconfiança de que éramos vigiados. Será que estou sugestionado pelo clima e pelas histórias deste lugar? Bem, não custa nada sair mais tarde caminhando pela cidade com a equipe – só para ver se percebemos alguém se movendo no mesmo ritmo que o nosso...

(...)

"As russas são perfeitas, mas depois elas fazem você se arrepender." O comentário (não solicitado) sobre as "melhores" prostitutas de Baku foi feito por Yalçin – o dono do Vizyon Cinema Café, onde fomos comer alguma

Banda que animou nossa noite em Baku

lá e acolá

▶ Esta é a turma que nos acompanhou em Baku. Bem à direita da foto está o Emile, que era da Secretaria de Cultura. A menina era nossa tradutora, a Afsana. Os outros dois? Não tenho a menor ideia! Estavam com a gente o tempo todo, mal nos dirigiam a palavra e ninguém nunca explicou o que eles faziam. Nos vigiando, talvez? Será que eles falavam português e entendiam tudo que a gente falava?

coisa antes de dormir. Ou melhor, onde fui acompanhar a equipe, pois, depois do que eu havia comido no almoço, qualquer ingestão seria um pecado.

Confesso que fui mais pela música. Quer dizer, fui pela curiosidade de passear à noite numa cidade tão misteriosa – aliás, que cidade iluminada! (Será uma característica de ex-cidades comunistas ter seus edifícios majestosos, e sobretudo suas estátuas, ultrailuminados durante a noite?). Quando passamos por uma rua mais distante, já quase perto da costa, e vi que dentro de um café havia uma banda – à primeira vista poderia ser até de chorinho, mas um desconhecido e curioso instrumento de quatro cordas me fez perceber que se tratava de um grupo com sotaque local –, não resisti. Ficamos tentando vencer o cansaço e jogando conversa fora, ouvindo uma música que, para mim, soava como uma mistura de turca, árabe e – quando o ritmo ralentava – Celine Dion!

Já tarde da noite, quando voltamos então ao hotel, nenhum sinal de alguém nos perseguindo. Mesmo assim...

Dia 3

Estou meio desanimado não apenas com mais um dia de chuva... É que passamos por um almoço que foi uma verdadeira provação! Dessa vez, não foi num *caravansaray*, mas num restaurante popular, fora dos muros de Isherisheher. O professor Imanov não compareceu, mas seu assistente direto nos garantiu que aquele era seu restaurante favorito. Por que não

▶ Tradição da hora do chá no Azerbaijão, que provamos num *caravansaray*, o *rebec* é uma compota de cerejas (no pequeno pote, à direita) que você põe na boca e engole junto com um gole do próprio chá. Delícia! (Bem melhor que o "bolo colorido" que também serviram para a gente...

necessidades
básicas

hospedagem

comida

transporte

Ninguém que trabalhava no nosso hotel em Baku parecia ter mais de 16 anos. Não seria um incômodo, se o serviço fosse eficiente... A única informação que a "moçada" da portaria soube dar com certeza foi dos bares e do agito da região – por que será? Nos quartos, conforto espartano, a não ser pelo aquecimento, sempre no máximo (que me fazia pensar se aquela garotada não abusava da temperatura).

Fiquei muito dividido com relação à culinária azeri. A primeira amostra, aquele banquete divino no, *caravansaray*, era um bom sinal. Mas, no dia seguinte, outro almoço típico nos trouxe uma sopa de banha e um carneiro assado com um cheiro para lá de forte... Mas, em nome do *kebab* (espetos grelhados) e dos charutinhos de folha de uva, daquele crepe com ervas típicas, daquele arroz incrível com damascos e carneiro (sem aquele cheiro...), acho que o balanço final é positivo!

Enquanto estávamos com a comitiva oficial, tudo bem... carros de luxo, com espaço para nosso equipamento e até vidros blindados (apenas os dos "agentes especiais" que nos acompanhavam, é verdade). Mas quando estávamos por nossa conta, a opção era um táxi, que invariavelmente era um Lada – o "famoso" carro russo que não deixou saudade alguma na sua passagem pelo Brasil...

Parede da casa de Myr Tuemur decorada com suas cerâmicas

experimentar? Afinal, a mesa posta, com frios e outras delícias de entrada, parecia apetitosa. Um queijo forte – de cabra – completava a introdução, quando um garçom anunciou a chegada do prato principal. Vinha num pote de barro, cuja boca estava selada por uma espécie de nata que, assim que rompida, exalava um cheiro quase insuportável de carneiro. Não o da carne de carneiro – que tanto aprecio num churrasco –, mas da carcaça do animal.

De lá de dentro, em porções individuais – era um pote para cada um de nós –, uma sopa fedida e gordurosa foi servida. O assistente do professor Imanov informou que esse era um prato típico da sua região – e comecei a admirar a saúde desse povo! A sopa era banha pura derretida, e, como bônus, assim que você a terminava (não ousei não comer!), o garçom servia o que havia sobrado no pote: nacos macilentos de carne de carneiro. Arre!

A vodca era a única salvação. E é por causa dela que me encontro aqui prostrado, neste outro *caravansaray* onde viemos gravar e comer uma sobremesa – *rebec*, uma compota de cerejas que você põe na boca e mistura com chá antes de engolir (e que, acredite, é gostosa). Seria um cenário maravilhoso, com tapetes antigos, painéis indianos, plantas e mesas espalhadas – mas o mais incrível é que não é cenário nenhum: este lugar é assim mesmo há anos! E só de me lembrar disso quase me recuperei da recente digestão tortuosa...

(...)

O cansaço bate forte enquanto a senhora Ramizá descreve a paixão de seu finado marido pelos tapetes. Ele era colecionador e também fazia alguns deles – especialmente aqueles com retratos de importantes figuras políticas como Indira Ghandi, Bill e Hillary Clinton e até o aiatolá Khomeini! Mas já não registro mais nada. Estou exausto e meio hipnotizado pela voz fina de minha entrevistada. Preciso descansar.

Foi um dia duro. Pegamos mais chuva à tarde. A sorte foi que a programação era principalmente dentro da casa das pessoas – gente cuja família morava há séculos em Isherisheher. Antes da senhora Ramizá, a última entrevistada do dia, falamos com a senhora Halida, cuja família instalou-se na cidade murada há duzentos anos e que faz colchas de *patchwork* com temas inspirados na história de Baku. Nada que se compare aos antepassados de Myr Tuemur – outro personagem que entrevistamos –, que tem raízes aqui há oitocentos anos!

Myr é artista plástico. Pinta quadros, mas sua forma de expressão favorita é a cerâmica – algo que, como ele faz questão de frisar, também tem a ver com a tradição de Isherisheher. Seu trabalho é variado: vai da delicadeza de vasos que pesam meros gramas a elaborados sinos que

lá e acolá

▶ Um tapete com os rostos de Bill e Hillary Clinton? A senhora Ramizá, que cuida da coleção de seu marido – que também fazia tapetes, quando vivo –, tem um gosto eclético. Na mesma sala onde estava o retrato do casal americano havia uma peça com o rosto do aiatolá Khomeini – arqui-inimigo do "império"...

Calma, tranquilidade e hospitalidade: tudo de que você precisa para descansar num caravansaray

olha o que eu trouxe de lá...

Ganhei dois sinos de cerâmica belíssimos do artista plástico Myr Tuemur – nosso entrevistado em Baku. Mas não pude levá-los... Quase no meio da viagem, nossa bagagem está abarrotada. A equipe inteira ganhou um tapete *kilim* com a estampa de camelos, como os que se encontram em qualquer loja de antiguidades por lá. Como ele ocupou um espaço considerável na mala, acabou deixando os sinos de fora. Eram frágeis demais para atravessar o mundo. A essa altura da viagem, a regra era levar suvenires pequenos e inquebráveis! Como lembrança do trabalho desse artista, fiquei com pequenos azulejos de cerâmica que ele faz com imagens da própria história de Isherisheher. E, como recordação do passado de *caravansarays* de Baku, trouxe minúsculos tapetes com imagens da Torre da Donzela – bem coisa de turista... mas afinal, o que somos quando saímos pelo mundo?

Nossa equipe grava na casa do artista Myr Tuemur

ele pendura pela casa inteira – e com os quais presenteou toda a equipe. Nossa conversa foi longa e interessante – o mínimo que se espera de alguém que tem um trabalho que mistura o passado com sua história pessoal. Um homem interessantíssimo, que valeu toda a tarde, mas que o transe em que a voz da senhora Ramizá insiste em me colocar ameaça apagar da minha memória...

(...)

Temos de acordar de madrugada – às quatro da manhã! – para não perder o voo para sair de Baku (e, acredite, esse é um voo que não quero perder de jeito nenhum...), mas nem por isso vou deixar de explorar nossa última noite em Baku. Lúcio prefere ficar no hotel, mas eu e Ian saímos para ver qual o agito de uma segunda-feira à noite neste canto do mundo...

Fomos passear primeiro na orla, onde uma espécie de parque recebe os habitantes com pouca luz e muita comida ao ar livre. Pelo faro – ou seja, sem nenhum mapa a nos guiar a não ser a própria intuição –, chegamos a uma praça animada, cheia de crianças (um parquinho de diversões ao ar livre nos remete a um clima de cidade do interior) e onde alguns jovens com *jeans* enfeitados com adereços demais andam em grupos distintamente separados entre meninos e meninas. Nesse centrinho animado encontrei até uma livraria chamada Ali e Nino – nome do romance que me inspirou a vir até aqui, mas já estava fechada. (Antes, no fim da tarde, pedi a Afsana que me ajudasse a comprar uma edição em azeri desse livro – que agora repousa intacto na minha estante.) Abertas, apenas algumas pizzarias e lanchonetes, onde um esboço de agitação não chegava a ser convidativo. Acabamos optando por comer num restaurante italiano... Na volta ao hotel, parte do caminho nos levou aos muros de Isherisheher, que, iluminados à noite, pela primeira vez me encantaram. E acho que é essa imagem que quero levar daqui...

Dia 4

Não foi fácil acordar às quatro da manhã para ir para o aeroporto. Geralmente, não tenho problema algum de me levantar entre seis e sete da manhã... mas às quatro? O frio, a escuridão, o longo caminho (de toda a trupe que nos acompanhava, só Emile estava de pé para nos levar) e a perspectiva de enfrentar a perna que talvez é a mais longa da viagem (rumo à Ásia, mas passando novamente por Paris) – tudo isso colaborou para que as primeiras horas do dia fossem um sacrifício.

Ainda traumatizado com o embarque Paris-Baku pela Azerbaijan Airlines (a mesma companhia que nos levaria de volta à capital francesa), queria chegar logo e embarcar. Emile até tentou contar algumas

lá e acolá

▸ Passamos uma tarde toda na casa e ateliê de Myr Tuemur: um labirinto de salas e espaços de trabalho onde ele cria, há décadas, sua arte, através da pintura e sobretudo da cerâmica.

piadas no carro, mas nem minha diplomacia no seu registro máximo estava ajudando: ao longo da autoestrada que conduz ao aeroporto, transformei minha preguiça em ansiedade – e passei a querer sair logo do Azerbaijão. Logo mesmo.

Comparando com o anterior, o *check-in* foi indolor. A espera, porém, naquelas salas de teto alto, com inspiração comunista (e deslocados adereços mouriscos estilizados), foi aumentando minha vontade de partir rápido. Fomos muito bem tratados aqui – às vezes, até tinha a sensação de que estávamos recebendo honras de uma visita oficial. Nossos acompanhantes mais próximos, Emile e Afsana, se desdobraram para nos agradar – e mesmo o professor Imanov, com toda a sua formalidade, era, em última análise, uma pessoa agradável. Mas nunca deixei de me sentir vigiado em Baku. Acho que era isso que estava me incomodando – ainda que fosse só uma impressão.

A perspectiva de mais cinco horas e meia de voo tornou-se ainda mais macabra quando ouvi um bebê chorando compulsivamente na sala de espera. Assim que passamos pelo detector de metais – que, estando no Azerbaijão, tinha pequenos tapetes estampados (míni *kilins*) para acolher nossos pés descalços antes e depois de atravessarmos aquele portal –, a criança começou a chorar. Como sou uma pessoa de sorte, ela e seus pais sentaram-se bem atrás de mim – e durante todo o voo (e não estou exagerando) a menina chorou. E também berrou. Chegou até a espernear – mas nada disso provocou uma reprovação dos pais (ah, a pedagogia de Baku...). Estava quebrado, acabado, "nas últimas"– mas feliz porque o próximo destino era na Ásia – com passagem por uma cidade pela qual simplesmente sou apaixonado: Bangcoc. *Sawadee!*

▶ Do lado de fora das construções charmosas de Isherisheher, Baku traz as marcas do período comunista na sua arquitetura: grandes prédios de linhas retas e simples, ou fachadas decoradas com imponentes estátuas e elementos clássicos – tudo sempre muito iluminado...

Ainda digerindo todas as informações de **Baku**, partimos para o outro lado do mundo – literalmente! Se até agora estivemos circulando por culturas de forte influência muçulmana, o Oriente vai nos trazer uma onda mais budista. E começamos por um lugar precioso, já na próxima parada...

de Baku para...

quinta parada

luang prabang

LUANG PRABANG, LAOS

Patrimônio desde: 1995
Latitude: N 19⁰ 53'20"
Longitude: E 102⁰ 08'00"
Critérios: - intercâmbio de valores humanos
- exemplo fora de série de arquitetura de um estágio da história humana
- exemplo fora de série de povoação humana

o que é que Luang Prabang tem?

Tem mais de trinta templos budistas maravilhosos – não está bom para começar? Na lista oficial da UNESCO, para a qual Luang Prabang entrou em 1995, a razão "oficial" da inclusão é o conjunto arquitetônico da cidade – em especial a mistura de influências europeias e orientais. Mas basta passar um dia por aqui para entender que o maior charme desta pequena cidade (que fica num país do sudeste asiático, chamado Laos, encravada entre dois rios – o Mekong e o Kahn –, é mesmo seu impressionante conjunto de templos (que são mais de trinta!). Só Xieng Thong, construído em

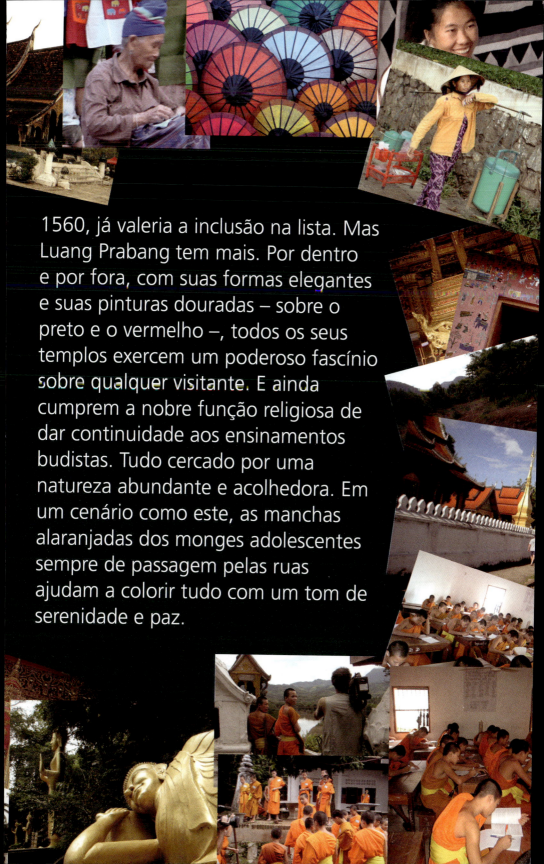

1560, já valeria a inclusão na lista. Mas Luang Prabang tem mais. Por dentro e por fora, com suas formas elegantes e suas pinturas douradas – sobre o preto e o vermelho –, todos os seus templos exercem um poderoso fascínio sobre qualquer visitante. E ainda cumprem a nobre função religiosa de dar continuidade aos ensinamentos budistas. Tudo cercado por uma natureza abundante e acolhedora. Em um cenário como este, as manchas alaranjadas dos monges adolescentes sempre de passagem pelas ruas ajudam a colorir tudo com um tom de serenidade e paz.

templo, templo, templo

eles são
mais de trinta
e sempre
diferentes

FECHANDO A CONTA DO HOTEL em Luang Prabang, me despedi casualmente do gerente com um cordial "até a próxima vez", ao que ele me respondeu, meio desanimado: "As pessoas nunca voltam para Luang Prabang. Elas vêm, visitam, tiram fotos dos monges e desaparecem". Protestei. Afinal, era a segunda vez que eu visitava a cidade. A primeira foi em 2003, como turista. E agora, trabalhando, tinha a "missão" de mostrar a cidade como patrimônio da humanidade. Seria eu uma exceção? Será que o gerente do hotel não estava exagerando?

Pois ainda espero voltar uma terceira – ou quarta – vez a essa pequena cidade no Laos. Com seus vários templos, sua natureza privilegiada, o balanço das túnicas laranjas dos monges e um clima geral de paz espiritual, Luang Prabang jamais será apenas uma cidade que a gente risca no mapa depois que a conheceu. E, nesta segunda estadia aqui, ciente da possibilidade de dividir com o grande público suas belezas, eu diria que aproveitei ainda mais – como você vai agora conferir, se me permitir antes uma escala em mais uma das minhas cidades favoritas...

Monges descansam num intervalo entre as orações e a escola

Dia 1

Estou meio perdido com o fuso horário – aliás, nem sei exatamente que parte da Terra estamos cruzando a esta altura. Acordo no meio do voo ciente de que meu metabolismo está desafinado. A chefe das comissárias de bordo anuncia que vai servir o café da manhã, mas será que é isso mesmo que meu corpo está preparado para comer? Decido não comer e dormir um pouco mais, porque, pelo que está escrito no meu bilhete eletrônico, quando chegarmos a Bangcoc serão mais ou menos seis da manhã. É melhor eu estar "em forma" para a cidade!

(...)

Estou animado com a perspectiva de apresentar Bangcoc a alguém que não conhece a cidade – no caso, o Ian (Lúcio já passou por aqui numa outra série de reportagens). Quero ver o entusiasmo dele – e testar uma antiga história de família, algo que uma tia muito querida me disse em 1980 quando visitei Paris pela primeira vez (com ela, é claro): "Sabe que tenho inveja de quem conhece Paris pela primeira vez...". Que comentário metido! – é a primeira reação. Mas quem tem a chance de ir mais de uma vez à capital francesa pode entender a verdade da frase de minha tia. Paris continua bonita sempre que passo por lá – e às vezes até mais bonita do que em minhas últimas lembranças. Mas o impacto nunca é igual ao da primeira vez... O mesmo vale para Bangcoc.

Ter escolhido a capital tailandesa como "porto de passagem" no Sudeste Asiático não foi simplesmente um capricho pessoal (já fiz uma longa e sincera declaração de amor à cidade no livro *A fantástica volta ao mundo*, de 2004, se você quiser entender essa minha paixão). O aeroporto de Suvarnabhumi é um dos maiores e mais modernos da Ásia – de onde ficará fácil nos deslocarmos para os próximos três destinos. Estamos indo para Luang Prabang, no Laos, e os voos (de menos de uma hora de duração) entre as duas cidades são frequentes. Mas antes temos um dia de folga por aqui para aproveitar... Por onde começamos?

lá e acolá

▶ Não há como passar por Bangcoc e não conferir uma luta de boxe tailandês. O esporte lá é levado a sério, e toda noite os astros da luta se apresentam nas arenas da cidade. Aos turistas que se entusiasmam, basta comprar um calção típico e sair treinando os chutes...

A equipe aproveita o dia de folga em Bangcoc para visitar a estátua de Brahma na frente de um shopping

(...)

Pausa no hotel. Afinal, foi uma tarde intensa. Começamos com um almoço típico tailandês no *shopping* Erawan – um dos mais sofisticados da cidade, onde se encontram as melhores grifes de luxo internacionais (Bangcoc tem tantos *shopping centers* quanto templos, e não leva muito tempo para você se acostumar com esse estranho equilíbrio). Só que não escolhi ir ao Erawan para "altas compras" – ninguém ali estava nem com cabeça nem com orçamento para isso –, mas porque ao lado dessas lojas de artigos caríssimos fica um dos lugares de maior adoração em Bangcoc, um minúsculo templo dedicado à representação tailandesa da divindade hindu Brahma.

Ali, escondendo as vitrines elegantes, uma espessa fumaça de incenso cobre ocasionais estátuas de elefantes, um pequeno palco onde

▶ Na dúvida do que pedir num restaurante popular tailandês? Estes enormes cardápios ilustrados, pendurados bem na frente das barracas de comida (estas eram do mercado noturno) ajudam a abrir o apetite – e simplificar o pedido: basta apontar o que você quiser. Eu recomendo o siri-mole frito...

Luminoso de restaurante no mercado noturno de Bangcoc

bailarinas em roupas típicas dançam tradicionais coreografias tailandesas (se você fizer uma boa "doação"...) e a peça mais importante de todas, a estátua dourada de Brahma. Dezenas (quando não centenas) de pessoas visitam a imagem o tempo todo, acendem incensos aos maços, oferecem guirlandas de flores amarelas e oram. Por essa incrível mistura de sofisticação, espiritualidade e escracho (a calçada na frente do *shopping* fica lotada de vendedoras simples, com suas barracas de flores coloridas e perfumadas, e algumas vendem também suco em saquinhos ordinários de plástico), acho que escolhi bem o ponto de partida para um dia de folga em Bangcoc.

lá e acolá

▸ Procurando um lugar que ainda não conhecia em Bangcoc, fui até a galeria Kathmandu, e lá tive uma boa surpresa: a abertura da exposição de um fotógrafo tailandês, Kamthorn Paowattanasuk, que retrata as esculturas *kitsch* espalhadas pela paisagem de seu país.

À frente do templo de Sri Maha Mariamman

O almoço então foi ali, no Erawan Tea Room, onde a maioria dos pratos do cardápio pode ser encontrada pelas ruas de Bangcoc ou nos milhares de restaurantes da cidade, com o mesmo sabor (quando não mais gostosos...).. Mas o que vale ali é a apresentação – do local (um dos restaurantes mais bonitos que conheço!) e dos pratos. Pedimos vários pratos para que todos pudessem provar de tudo: peixe, frango, porco, carne de vaca, ovos, legumes, arroz com uma generosa seleção de aromas: capim-santo, gengibre, pimenta...

Para ajudar a digestão, fomos explorar a cidade – por caminhos independentes. Lembrei aos colegas que sempre é prudente evitar os táxis – e mesmo os *"tuc-tucs"* (aquelas motos com um sofazinho atrás, que são barulhentas, poluidoras, só atrapalham o trânsito, servem como armadilha para tirar dinheiro de turistas, mas ninguém consegue ficar livre delas) – por causa do famoso trânsito infernal de Bangcoc. O *sky train* – o metrô a céu aberto – é sempre a melhor maneira de circular, além de ser o refúgio mais refrescante em uma tarde quente e úmida como a que se anunciava.

Fiquei naquela região (Ratchaprasong) por mais um tempo, mas logo

5 "lendas" que ouvimos na viagem

- Barbantes no pulso trazem boa sorte (Luang Prabang)
- Forma da estupa vem da "árvore de Buda" (Borobodur)
- Ossos no topo do totem, espírito mais perto dos ancestrais (Sgang Gwaii)
- Guereja (forte português em Kilwa Kisiwani) vem da palavra "igreja", apesar de nunca ter existido uma por lá...
- A Torre da Donzela (Baku) manteve a cidade "virgem" de invasões

numa cidade onde o
laranja forte das túnicas dos monges não desiste de distrair sua visão, é em detalhes como este, no teto do templo de Xieng Thong, que o olhar vai encontrar repouso

a história de Pheuw
também é sua

Desde que ele se lembra, seus pais trabalham na lavoura. E era lá também que Pheuw (no centro da foto acima) trabalhava até ir estudar em um templo budista. Sua primeira experiência longe da família foi no interior do Laos, mas, quando surgiu a oportunidade de se mudar para Xieng Thong, em Luang Prabang – o mais antigo templo nesta cidade sagrada –, ele não hesitou. Por aqui há dois anos, ele ainda precisa de mais um para completar seus estudos. Seu projeto é melhorar o inglês – e talvez o espanhol – para poder ser guia turístico, aqui mesmo na cidade. Se não conseguir um bom dinheiro, volta para a lavoura – para a família. Antes disso, porém, segue a rotina dos outros monges: acordar às quatro da manhã, orar, sair para recolher doações de comida pelas ruas de Luang Prabang, estudar, estudar mais um pouco, orar no fim do dia e ir deitar-se cedo. Se isso faz bem para seu espírito, ele só vai saber daqui a alguns anos. Mas, por enquanto, não existe outra coisa que ele queira fazer mais do que isso...

peguei o trem e fui circular por Silom, meu bairro favorito. Caminhei por ali, tomei uns sucos de capim-santo (como nunca pensaram em fazer isso no Brasil?) e fui um pouco mais adiante, à procura de uma galeria de fotos que um novo guia que havia acabado de comprar estava recomendando. No caminho, deparei-me também com um "velho conhecido": um templo hindu do jeito que eu gosto – apertado, movimentado, cheio de gente e de esculturas (um dos Ganeshs, aquela divindade com cabeça de elefante, mais bonitos que já vi está lá). Sri Maha Mariamman – este é o nome do templo – estava agitadíssimo, porque ali se realizava uma cerimônia que reunia vários monges (alguns deles cantando), centenas de fiéis (a maioria de fisionomia mais tailandesa que indiana), e uma abundância de oferendas – uma bandejinha com coco, bananas e flores!

Quase me distraí e esqueci que estava procurando a tal galeria de fotos. Não demorei a encontrá-la, chama-se Kathmandu Gallery, mas seu dono não é nepalês. É um tailandês, que ficou bastante surpreso de ver um brasileiro no seu espaço – especialmente porque estava inaugurando uma exposição de fotos naquela tarde e fez questão de que

Templo na rua principal de Luang Prabang

eu conhecesse o artista. Gostei tanto do trabalho – fotos de esculturas populares modernas (e meio bizarras) que contrastam com as tradições da Tailândia – que comprei uma delas. E saí feliz.

(...)

Escrevo no último minuto do dia para confessar que estou exausto. Não queria estar exausto em Bangcoc – queria explorar ainda a noite, como estão fazendo meus companheiros de equipe. Mas estou no meu limite...

Mas não joguei a noite fora... Aproveitei o fim do dia para conhecer um lugar sensacional: o bazar noturno de Suan Lun. Sim, é mais um emaranhado de corredores com lojinhas (e algumas até bem grandes). Mas o fato de estar agitadíssimo em plena noite já o torna diferente. Em meio a infinitas escolhas de comida, optei por um siri-mole frito ("*deep fried*"), que saboreei sentado num grande salão aberto onde uma banda jovem e meio triste fazia *covers* do que imaginei fossem sucessos locais. As poucas mesas que não estavam vazias eram ocupadas por casais tailandeses meio desanimados – e logo me lembrei de ter lido nos jornais que eles teriam eleições para governador no dia seguinte, e que por isso bebidas alcoólicas estavam proibidas naquela noite. Ao sair, ainda dei uma passada pela grande arena de boxe tailandês – para ver quem estava lutando naquela noite... E fui direto para o hotel, um pouco decepcionado com o meu cansaço, fazendo força para lembrar que esta é uma viagem de trabalho, que aquele era apenas um dia de folga – e torcendo para poder voltar sem compromissos e com tempo...

lá e acolá

▶ No templo de Xieng Thong, algumas paredes externas são revestidas com este curioso mosaico, feito de pequenos fragmentos de espelho. As cenas contam passagens da vida de Buda – e até mesmo alguns textos, escritos no antigo alfabeto do Laos, são feitos de cacos coloridos.

Dia 2

Ian me conta que não se decepcionou nem um pouco com Bangcoc, que a expectativa gerada pelo meu entusiasmo (e do Lúcio) foi superada. Estamos a caminho aeroporto, num trajeto de menos de quarenta minutos (geralmente leva uma hora e meia). Terei mais tempo para aproveitar o ótimo aeroporto e curtir minha saudade antecipada de Bangcoc – tão grande, que fiz questão de comer uma refeição tailandesa (três partos inteirinhos, bem apimentados) antes de embarcar – e ainda não eram nem 10h da manhã.

Folheto com desenhos dos principais templos de Luang Prabng

(...)

É meio estranho estar de novo em Luang Prabang, e essa sensação tem a ver com o que contei no início deste capítulo, de que este é um lugar ao qual só se vem geralmente uma vez... A cidade – três ruas espichadas entre os rios Mekong e Khan, cortadas por pequenas travessas – está

▶ Uma cidade com mais de 30 templos – e cada templo com pelo menos 30 gatos! Como este em Xieng Thong. Enquanto os felinos descansam, preguiçosos, (calor beirando nos 30 graus!), o elefante de espelhos – que está ali há pelo menos quatro séculos – guarda uma das paredes do templo.

158 LUANG PRABANG

ligeiramente diferente do que era em 2003: um número um pouco maior de lojas nas ruas principais, certamente muito mais pousadas – especialmente na rua que acompanha o rio Mekong (onde também multiplicaram-se os restaurantes "com vista panorâmica"...). Vejo até alguns hotéis de luxo moderado – pousadas de charme, acho que

Monges praticam no tambor no final da tarde de Luang Prabang

é o termo que se usa no Brasil –, e a própria casa-hotel em que fiquei da última vez parece que ganhou um *upgrade*. Creio que isso tudo é um sinal de que o dinheiro do turismo está movimentando Luang Prabang. Mas será que detecto algum efeito colateral disso?

A tranquilidade é a mesma. Especialmente nos mosteiros, que dessa vez me pareceram estranhamente vazios. Fiz um rápido passeio de reconhecimento (as gravações seriam só no dia seguinte) e terminei no templo de Xieng Thong – um dos primeiros que visitei na viagem anterior. Cheguei pela escada que sobe do Mekong e achei tudo sereno demais. Entendo que o lugar impõe certo respeito, mas mesmo assim... Entrei no templo principal; na casa onde ficam guardadas estátuas e adereços religiosos e tem a fachada toda dourada; fui aos pequenos templos, com suas paredes de mosaicos de espelho – tinha me esquecido como era delicado esse trabalho!; e já ia saindo quando ouvi uma percussão familiar e logo me lembrei de que aquele era o chamado para a oração.

5 estilos elegantes de vestir

- As túnicas laranja dos monges em Luang Prabang
- O casaco dos nômades na Mongólia
- Os tecidos estampados e coloridos das mulheres no Mali
- Os véus muçulmanos adaptados das indonésias
- As pesadas batinas pretas dos padres ortodoxos em Kosovo

Isso aqui é seu   159

Quando entrei novamente no templo, um punhado de monges já estava lá, cantando – e fui logo transportado para outro estado de espírito. Bateu novamente a felicidade de estar num lugar que, por mais improvável que fosse, eu visitava pela segunda vez. Bateu uma saudade positiva de todo mundo de quem já começo a sentir falta no Brasil – positiva no sentido de uma conexão absurdamente forte com todos eles, apesar da distância. Bateu ainda a própria força da cerimônia a que eu estava assistindo. E fiquei ali até o fim – até os monges ameaçarem fechar as últimas portas do templo, deixando-me lá dentro.
Saí em paz pelo pátio – e foi com surpresa que ouvi uma voz que me perguntava, num inglês de sotaque carregadíssimo, de onde eu vinha. Essa é sempre a primeira pergunta que eles, os monges, fazem (disso eu também me lembro da outra vez!), e ao respondê-la revivi o prazer de ver a expressão que eles fazem quando ouvem que sou do Brasil. Nosso país tem um registro curioso nestas partes do mundo. Quem conhece alguma coisa dele sabe que é a "terra do futebol"; mas quem não sabe nada lança um olhar vago como o de quem ouve o som de uma ave rara. Com esse monge, que se chamava Pheuw, foi a mesma coisa.

De repente, ele disse: "Encantado". E aí quem ficou surpreso fui eu. Apesar de estar longe de falar um bom inglês, Pheuw resolvera se aventurar pelo espanhol. Respondendo ao meu entusiasmo, foi correndo buscar seu dicionário tailandês-espanhol (explicação: o tailandês é suficientemente semelhante à língua local para fazer de todo laosiano um bilíngue nato) e começou a exibir algumas palavras que tinha decorado. Como estava escurecendo, me despedi de Pheuw – e de Thisson, seu amigo que tinha se juntado a nós –, prometendo voltar no dia seguinte para incluí-lo como personagem na nossa matéria.

(...)

Uma cidade tranquila como Luang Prabang já está quase toda dormindo depois das dez da noite. Mas eu estava bem acordado. Brigando com o sono, lembrando da sobremesa preparada por um indiano, preparada no meio da rua, que saboreei havia pouco tempo, junto com um casal espanhol. Que delícia...

O grupo formado informalmente no meio da rua mal se conhecia, mas, por uma química que sempre acontece em viagem – um fenômeno com o qual já me acostumei, mas que nunca deixa de me encantar –, todos começaram a conversar. Eles são de Burgos (na região de Castela e Leão) – ele é bombeiro e ela recepcionista de hotel – e escolheram Luang Prabang para passar as férias ao acaso. A conversa estava tão boa e promissora que o vendedor ambulante (um indiano, que parecia não saber bem o que estava fazendo nesta parte da Ásia), depois de preparar nossos crepes com banana, achou melhor deixar-nos a sós: desarmou seu carrinho e foi embora. E nós ficamos ali, falando, entusiasmados – e eu não conseguia parar de pensar que é para isso que viajo: para conhecer pessoas (pessoas com as quais talvez nunca cruzasse se não saísse do meu referencial).

A cena era, na verdade, um "repeteco" do jantar – num restaurante qualquer na rua principal da cidade, que também funcionava como spa (outra mudança que detectei em Luang Prabang de 2003 para cá: cada cantinho agora tem um minúsculo spa...). Sentamo-nos ao lado de uma mesa com duas holandesas – uma mais nova e uma mais velha – e uma jovem alemã (de Munique). A conversa começou, como

lá e acolá

▶ No caminho para a "pegada" de Buda, encontramos, entre várias imagens, uma estátua do próprio para cada dia da semana (aqui, três exemplos: o de terça-feira, o de sexta e o de sábado). Um desrespeito? Nada disso: prova da espiritualidade do povo de Luang Prabang no seu cotidiano...

sempre, sem aviso – e de uma hora para outra estávamos discutindo as eleições na Áustria, a sucessão presidencial brasileira e – o assunto mais fascinante de todos – como é crescer em Papua Nova Guiné, onde a senhora holandesa havia passado dezesseis anos da sua vida! É para isso que viajo – mesmo! Eu gosto mesmo é de gente que está na mesma frequência que eu: feliz de estar rodando o mundo e a fim de conhecer gente e coisas diferentes – sem o mínimo pudor de se assumir como turista. Aliás, que pena que o indiano fechou sua barraquinha, porque nossa turma recém-formada ficaria feliz de repetir a sobremesa...

Dia 3

Foi um estranho *déjà vu* acordar cedo hoje para ver os monges recebendo comida pelas ruas de Luang Prabang. Não sou um daqueles turistas que acham que as coisas estão cada vez mais contaminadas por outros turistas. Mas a cena que vi essa manhã me deixou um pouco desencantado. Poucos espetáculos espontâneos são tão belos e simples como esse: às seis da manhã (sim, acordamos mesmo às 5h30...), aqueles garotos saem com seus mantos laranja – um dos tons mais fortes que já vi – aceitando ofertas em comida. Caminham em silêncio, numa fila descontínua que evoca não apenas respeito, mas também humildade. Pelo menos, essa era a lembrança que eu tinha da cena.

Hoje, porém, o que vi foi um bando de turistas ávidos pela "foto perfeita" dessa cerimônia tão singela – foto que, para ser perfeita, ironicamente, deveria excluir outros turistas... As figuras alaranjadas fazem um impressionante contraste com as silhuetas brancas dos

▶ A escola formal faz parte da rotina dos monges. Depois de acordar de madrugada para a oração, recolher comida nas ruas e almoçar (cedo), eles vão para as escolas passar a tarde – antes de voltar para os mosteiros e fazer mais orações. Lúcio, é claro, registra tudo com a câmera.

necessidades
básicas

hospedagem

Tudo é muito barato em Luang Prabang. Dezenas de pousadas se enfileiram na rua principal e às margens do Mekong – algumas bem charmosas como esta nossa, com um belo jardim e quartos bem confortáveis.

comida

A primeira vez que experimentei "arroz grudento" (*sticky rice*) foi em Luang Prabang – e esse ficou registrado como o sabor daquele lugar para mim (e é inclusive o que as pessoas doam para os monges toda manhã). Mas na "festa do barbante", quando uma família nos recebeu para jantar e desejar boa sorte, o cardápio foi mais variado – rolou até um franguinho! Sem falar na decoração...

transporte

Você pode percorrer a cidade inteira a pé, de tão pequena que é Luang Prabang. Mas se está com pressa, sempre tem um *tuk-tuk* (esta moto com bancos cobertos). E se quiser ir com estilo, é só pedir emprestada esta Mercedes antiga que ficava na frente do nosso hotel.

Fila de monges recolhendo comida pela manhã; no detalhe, mulher com o pote de arroz para doações

templos – e dá para entender a tentação de quem tem uma câmera na mão nesse cenário e quer sair de lá com uma imagem memorável. Mas a esse preço – e com tal desrespeito?

Explico melhor: ontem mesmo vi em algumas lojas um cartaz que pedia respeito à tradição dos monges. O cartaz – uma novidade, pois não me lembro de tê-lo visto da última vez – rogava aos turistas que se mantivessem distantes dos monges, que não fizessem barulho, e que, sobretudo, jamais se colocassem próximo a eles numa posição mais alta: o ideal é assistir a tudo sentado ou agachado – ou manter a distância de pelo menos meia calçada. Só que, hoje pela manhã, parecia que ninguém tinha visto esse cartaz. Era uma farra: turistas ávidos, comportando-se com a arrogância de quem está num lugar sagrado apenas por um dia e só quer ter uma imagem bonita para usar como descanso de tela no seu *laptop*.

Fiquei tão indignado que mal aproveitei o momento, e só encontrei um pouco de paz quando resolvi explorar uma exposição em cartaz no Museu Nacional, perto de Haw Kahn – o templo do Palácio Real.

Ian e Lúcio em frente ao templo de Haw Khan, onde o destaque é a serpente de sete cabeças (à direita)

Enquanto Lúcio e Ian faziam imagens de mais templos pela cidade, eu fui até uma galeria pequena, no fundo dos jardins do palácio, onde estava exposto o trabalho do fotógrafo alemão Georg Berger, sob o título de "O Buda flutuante". As imagens eram todas em branco e preto, e foram feitas num mosteiro no interior do Laos – tudo muito simples, mas tão tranquilo e sereno que me apaixonei pelas imagens. E saí recarregado de lá.

Foi bom eu ter recuperado as energias, pois nosso próximo destino era a estupa, que fica no ponto mais alto de Luang Prabang, de onde é possível ver os dois rios, o Mekong e o Khan. Uma subida íngreme, difícil de enfrentar... ainda mais com o calor que estava fazendo – a roupa simplesmente não conseguia secar, nem quando a gente parava para descansar. Quando chegamos, porém, a vista compensou tudo.

Admirar o encontro dos rios, a vegetação exuberante e a beleza geral era tudo que eu queria... Mas uma placa onde estava escrito "Pegada de

lá e acolá

▶ Além de estarmos felicíssimos por visitar um lugar tão bonito e especial como Luang Prabang, na noite em que esta foto foi tirada havia um motivo especial para comemorar – e com champanha: foi quando o Ian, nosso produtor, teve a confirmação (pela internet) de que seria pai!

todo dia, o mesmo passeio, o mesmo ritmo, a mesma cerimônia de pegar comida. E, todo dia também, a mesma beleza

Buda, por aqui" imediatamente nos chamou para mais uma tarefa. Desde o dia anterior eu tentava lembrar onde ficava uma escadaria longa, cujas laterais eram decoradas com duas enormes serpentes douradas, que eu havia visto em 2003 – e aquela placa acabou me levando até ela. Esse caminho, como fui lembrando aos poucos, era cheio de estátuas de Buda – nada muito antigo, pelo contrário. Eram esculturas de concreto, com Buda em tantas variações que cheguei até a desconfiar quando comecei

Grande estupa no ponto mais alto de Luang Prabang

a ver um "Buda de terça", "Buda de quinta", "Buda de sábado"... Essa profusão de Budas, porém, longe de ser uma profanação, era uma alegre manifestação da espiritualidade no cotidiano de Luang Prabang – acho que o próprio Buda aprovaria...

Descemos a belíssima escada guardada por serpentes douradas, passamos rapidamente pela tal pegada – é preciso ter muita fé para acreditar que aquilo é mesmo uma marca "humana" – e logo chegamos a outro templo – mais um templo deslumbrante, seria mais correto dizer. E com um detalhe a mais: este ficava ao lado de uma escola onde

lá e acolá

▶ Para a festa anual dos templos, os monges constroem estruturas de bambu que depois vão ser cobertas com papéis coloridos – e vão levar velas em seu interior. Eles passam semanas caprichando nesses adereços nas horas livres do final da tarde. Esta turma, por exemplo, estava montando um grande barco.

Templo de Xieng Thong cheio de monges para a oração do fim do dia

os monges tinham aula. A visão daqueles adolescentes fora do contexto previsível (dentro do mosteiro ou pelas ruas, recolhendo doações), me pegou desprevenido. Foi mais um *flash* de como a vida dessas pessoas – tão "exótica" e "estranha" à primeira vista – é bastante normal. Uma das vantagens de passar por um templo é poder ter uma educação formal – já que a maioria desses garotos vem de famílias muito pobres. E isso é parte da sua rotina. Eles acordam, rezam, estudam, rezam um pouco mais, trabalham no templo... enfim, mais um dia para eles – assim como para milhões de garotos no mundo todo...

(...)

Fiz algumas compras no meio da tarde – uma horinha de descanso – e fiquei surpreso ao ver como o comércio de suvenires está bem mais sofisticado por aqui do que da última vez. Claro que a feirinha simples – aquela do começo da noite, no fim da rua principal – que conheci em 2003 ainda existe e é bem popular. Mas a variedade de bons artesanatos

▶ Tradição a gente não discute: aceita. Você tem que ser convidado por uma família para comer com eles (o jantar, é você quem paga para eles!). Antes de comer, todos fazem orações e depois, na hora de amarrar os barbantes para desejar boa sorte (dois para cada membro da família), tudo vira farra...

olha o que eu trouxe de lá...

Você tem três tipos de estabelecimentos em Luang Prabang: restaurantes (que ultimamente também oferecem serviços de spa!), hotéis e lojas de suvenires. Dessas três categorias, a última ganha disparado em quantidade. Não é para menos: com uma bela população flutuante de turistas, quem hesitaria em abrir uma lojinha? Mas, com tanta oferta, é difícil escolher o que levar. Pinturas de monges desfilando? São tantas que você até enjoa. Colchas e almofadas bordadas? Nada que você não encontre numa feira *hippie* na sua cidade... Se você tiver espaço na bagagem, uma bela peça de madeira clara "rabiscada" de preto é uma opção. Mas para uma compra realmente inesquecível – e fácil de levar –, procure uma seda bordada nas cores (preto e dourado) e nos motivos tradicionais da região – linhas e losangos. As boas sedas custam um pouco mais caro, mas pelo menos você não vai esquecê-la em uma gaveta quando voltar para casa...

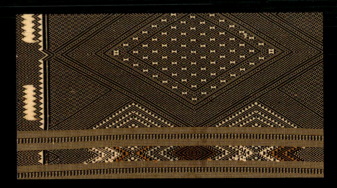

Vista do rio Mekong no final da tarde

cresceu muito. Vi sedas finíssimas – e caríssimas, que chegavam a R$ 2.000! –, várias peças feitas com uma madeira que eu nunca tinha visto – clara, mas desenhada com fortes contornos pretos –, máscaras, móveis, oratórios, tábuas com "mil" Budas... uma infinidade de coisas.

Depois dessa pausa, fomos dar um rápido passeio de barco pelo Mekong – para fazer umas imagens – e depois voltamos ao templo de Xieng Thong para acompanhar a reza do fim do dia e entrevistar o Pheuw. Ao me deparar, de novo, com aquele templo cheio e vibrante de orações, fui tomado pela mesma sensação de pura paz. Talvez até de maneira mais intensa. Minha felicidade por estar visitando Luang Prabang pela segunda vez era infinita.

Fechamos o dia gravando uma "cerimônia de barbantes" na casa de uma família laosiana. É algo simples – a família reunida faz orações, amarra barbantes nos nossos punhos e nos oferece comida, desejando uma boa viagem... –, mas que, talvez pelo meu envolvimento com esse local, me deixou bastante emocionado.

Jantamos num lugar que eu havia experimentado da outra vez, L'Elefant – que oferece a cozinha do Laos com um toque francês –, e com isso encerramos um dia muito próximo do perfeito. Foi maravilhoso – e agora, enquanto escrevo no silêncio da cidade, olhando para o jardim, faço uma rápida recapitulação das vezes em que me senti tão feliz assim...

Dia 4

Estou no avião, de volta para Bangcoc. Vai haver uma terceira vez?, penso. Quem é que sabe? Lembrando mais uma vez da primeira volta ao mundo, tive, em Luang Prabang, uma sensação parecida com a que experimentei em Siam Reap, em cima de uma moto, com as fitas gravadas nos templos de Angkor. Era diferente da excitação da primeira visita – típica do deslumbramento de um turista que vê aquelas coisas maravilhosas pela primeira vez. Eu vibrava por estar podendo dividir aquilo tudo com mais gente – quem quer que estivesse acompanhando a série pela TV. Como expliquei no início deste capítulo, sinto a mesma coisa agora. E isso me deixa comovido de alegria.

Mas não é só isso. Também estou emocionado com a chamada para a série que gravamos em Luang Prabang – algo que eu mesmo escrevi. É fácil ser piegas tentando explicar o que me passava na cabeça naquela hora, mas vou correr o risco. O que mexeu tanto comigo foi o fato de eu estar convidando as pessoas não apenas a ver imagens belíssimas, mas

▶ É impossível não ficar contagiado pela paz no interior do templo de Xieng Thong. Mesmo vazio, sem as dezenas de monges cantando suas orações no final da tarde, o lugar é inspirador. E, quando você percebe, está de joelhos, rezando. Para quem, não importa. O que importa é agradecer ter chegado lá...

também a perceber que elas são donas de um patrimônio enorme – não daqueles que engordam uma conta de banco, mas um patrimônio da humanidade, que, se bem apresentado, é capaz de abrir os horizontes de quem o recebe e fazê-lo perceber que tudo que é do ser humano é dele também. Todos esses lugares incríveis (que a gente tem visitado e ainda vai visitar) me tocam nesse sentido – e minha felicidade ao deixar cada um deles (como agora, em Luang Prabang) nasce do compromisso de, a cada etapa, passar isso para outras pessoas.

Foi um pouco por causa disso – dessa "responsabilidade" – que não reclamei de acordar hoje às 5h30 da manhã para ver novamente os monges recolhendo comida. Também foi por isso que voltei a todos os lugares a que já tinha ido (mais de uma vez) apenas para gravar as chamadas – que tinham que ficar interessantes o bastante para seduzir o público para essa minha missão. Foi por conta disso que almocei sozinho e fiquei alguns minutos só na varanda do meu quarto, olhando o jardim à minha frente e tentando reproduzir a paz que senti durante a oração dos monges no fim da tarde de ontem. Foi por isso que disse com sinceridade, a todos de quem me despedi, que queria voltar aqui – não como uma função fática vazia, mas com a intenção de alguém que sentiu que parte dele estará sempre neste lugar.

Como cortesia do hotel, fomos para o aeroporto numa Mercedes dos anos 60, quase uma peça de decoração, já que fica parada o tempo todo na frente da casa. O charme final deste trajeto curto, as últimas paisagens de Luang Prabang que via pelo caminho e esses pensamentos meio descontrolados me deixaram assim neste estado. Mas quem disse que me arrependo de ter tido todas essas experiências?

▶ Uma escada ladeada por serpentes douradas, onde monges circulam sempre com suas túnicas laranja, nos leva até a "famosa" pegada de Buda em Luang Prabang – na verdade, nada mais que uma pedra com uma forma que lembra (bem de longe!) uma pegada humana...

Com esta passagem por **Luang Prabang** entramos definitivamente num outro ritmo da viagem. Talvez fosse a calma geral do lugar – ou quem sabe as vibrações budistas de tantos templos juntos. Se essa fosse a razão do nosso espírito estar lá nas alturas, o que o maior templo budista do mundo poderia nos trazer? Foi isso que fomos descobrir num outro país da Ásia, que, ironicamente, tem a maior população muçulmana do mundo.

amuletos

DE LUANG PRABANG
para...

sexta parada

borobodur

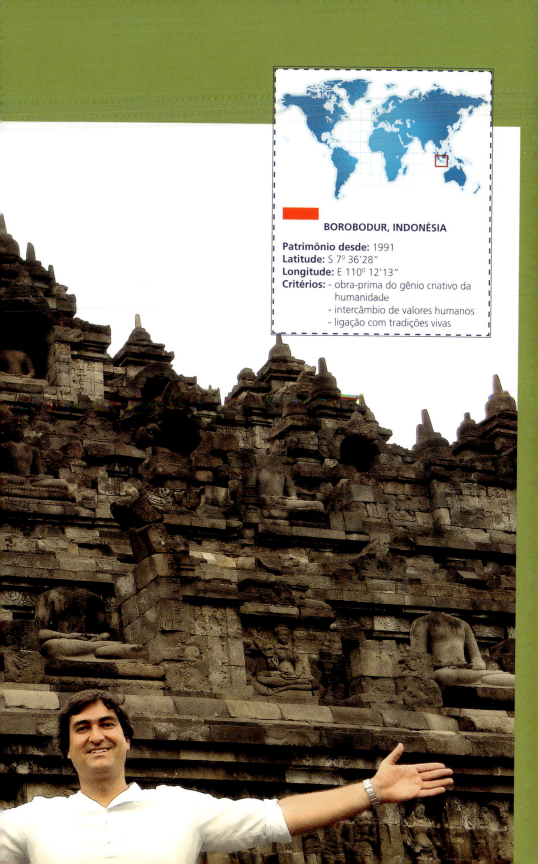

BOROBODUR, INDONÉSIA

Patrimônio desde: 1991
Latitude: S 7º 36'28"
Longitude: E 110º 12'13"
Critérios: - obra-prima do gênio criativo da humanidade
- intercâmbio de valores humanos
- ligação com tradições vivas

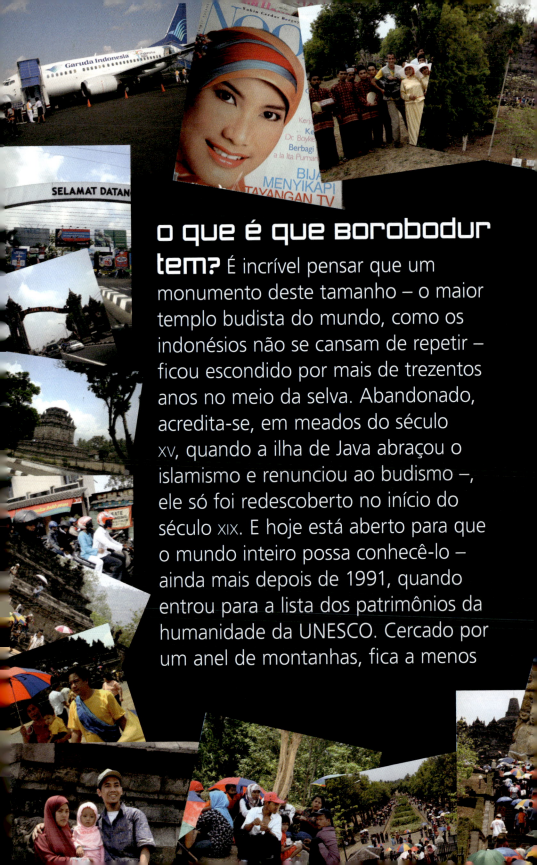

O que é que Borobodur tem?

É incrível pensar que um monumento deste tamanho – o maior templo budista do mundo, como os indonésios não se cansam de repetir – ficou escondido por mais de trezentos anos no meio da selva. Abandonado, acredita-se, em meados do século XV, quando a ilha de Java abraçou o islamismo e renunciou ao budismo –, ele só foi redescoberto no início do século XIX. E hoje está aberto para que o mundo inteiro possa conhecê-lo – ainda mais depois de 1991, quando entrou para a lista dos patrimônios da humanidade da UNESCO. Cercado por um anel de montanhas, fica a menos

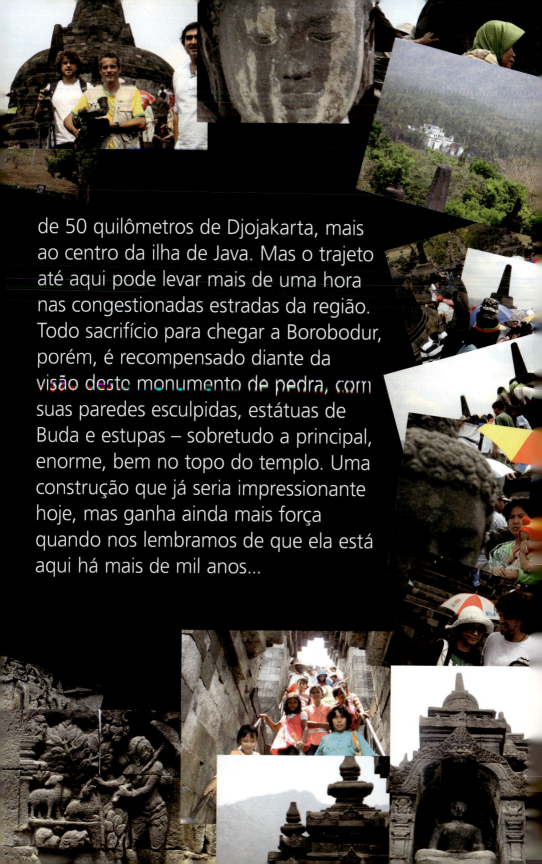

de 50 quilômetros de Djojakarta, mais ao centro da ilha de Java. Mas o trajeto até aqui pode levar mais de uma hora nas congestionadas estradas da região. Todo sacrifício para chegar a Borobodur, porém, é recompensado diante da visão deste monumento de pedra, com suas paredes esculpidas, estátuas de Buda e estupas – sobretudo a principal, enorme, bem no topo do templo. Uma construção que já seria impressionante hoje, mas ganha ainda mais força quando nos lembramos de que ela está aqui há mais de mil anos...

selamat datang!

outra expressão de boas-vindas em versão indonésia

TEMPLO BUDISTA É SINÔNIMO DE PAZ. CERTO?

Assim, se visitássemos o maior templo budista do mundo teríamos uma sensação de paz proporcional ao seu tamanho. Certo? Não em Borobodur, que fica perto de Djojakarta, na ilha de Java, Indonésia. Surpreendidos por uma horda de turistas que circulava com vigor pelo templo, não tivemos opção se não nos juntarmos à multidão e aproveitar uma experiência não muito diferente daquela de quem visita, digamos, o Corcovado, no Rio de Janeiro, em pleno carnaval carioca.

Irritar-se? Para quê? Situações imprevisíveis como essa fazem parte de uma aventura pelo mundo – e quanto mais você aprender a relaxar, mais vai gostar. Até porque as belezas de Borobodur superam qualquer caravana de turistas que queira interferir nelas. E com as outras descobertas que fizemos, especialmente em Djojakarta, aproveitamos bem essa passagem pelo país que tem a maior população muçulmana do mundo. Já sei... Você está achando estranho que o maior templo budista do mundo fique no país com o maior número de muçulmanos. Então, vamos adiante para entender melhor essa história...

Novas amizades com turistas indonésios em Borobodur

Dia 1

Mesmo antes das oito da manhã o aeroporto de Bangcoc já esboça um movimento intenso. Sentado no balcão de um dos incontáveis restaurantes de Survanabhumi, eu encarava um prato de *sticky rice* (literalmente "arroz grudento") e manga como café da manhã – e mais uma sopinha de macarrão, os *noodles* que imperam por aqui. Afinal, eu tinha três horas e meia de voo até Jacarta para enfrentar e há tempos aprendi a não contar com comida de avião... Ainda deu tempo de pegar uma massagem – tailandesa, é claro – nas costas por quinze minutos e embarquei com o espírito renovado para nosso próximo destino.

Aeroporto "arejado" de Jacarta

(...)

Dessa vez minha memória não me traiu. O aeroporto de Jacarta estava lá exatamente como eu me lembrava (e fazia quase dez anos que eu não passava por lá): todo aberto e arejado, com os portões de embarque cercados pela vista generosa da natureza da ilha de Java. Essa sensação de familiaridade, porém, não durou muito. Fiquei estranhamente perdido com a moeda: fui sacar um dinheiro com o cartão de débito e os valores tinham zeros demais. Quantas rúpias por um dólar mesmo? E qual é a conta para reais?

Tínhamos ainda mais um voo pela frente – curto, felizmente, menos de uma hora até Djojakarta. Até lá acho que vou me familiarizar – pelo menos com o câmbio...

lá e acolá

▶ Djojakarta é a cidade das motos. Já tinha visto uma frota assim em Hanói, no Vietnã, mas nas longas ruas – para não falar das estradas – de Djoja, elas estão ainda mais presentes. Sem contar que aqui a moto é também um transporte familiar. Não é difícil ver quatro ou até cinco pessoas numa moto só!

(...)

Era feriado em Djojakarta: o primeiro dia (de um período de três) que assinala o fim do ramadã, o mês de jejum sagrado para o islamismo – a religião predominante na Indonésia. O discurso do taxista que nos levava do aeroporto ao hotel dava detalhes das festividades, mas eu nem precisava prestar muita atenção ao seu esforçado inglês. Todas as lojas por onde passávamos estavam fechadas – e as ruas praticamente desertas. Esse curioso vazio – era pouco mais de meio-dia quando cruzamos a cidade – ampliava a impressão de que Djojakarta – ou Djoja (ou ainda Jogja, numa outra variação), como logo descobri que os residentes preferem usar – é uma mancha urbana espalhada por um enorme terreno. Mais ou menos como Los Angeles, na Califórnia – tirando os *shopping centers*, levando em conta uma drástica diferença na qualidade do asfalto das ruas e substituindo os carros de luxo por uma brigada de motos!

Pelo que eu havia visto na internet, esse seria o nosso primeiro hotel com um pouco mais de conforto: quartos espaçosos, camas com telas de mosquitos, ventilador no teto, ar condicionado (!), piscina... – e tudo isso por menos de

Rua pacata da antiga cidade colonial de Djoja

▶ Foi em Djojakarta que tive tempo de investir no meu passatempo favorito: escrever cartões-postais. Ali, à beira da piscina do hotel (uma raridade nesta viagem), foram 47 cartões – muitos deles, estampados com reproduções de *batik*, a antiga técnica de impressão típica da Indonésia.

80 dólares (o que comprova, mais uma vez, que viajar pela Ásia é bem acessível – caro mesmo, para nós, brasileiros – é chegar lá!). Mas nenhuma das fachadas pelas quais passávamos inspirava a mínima sugestão de conforto. Mesmo quando paramos diante do nosso hotel, uma simples cerca de bambu não inspirava confiança.

Foi só entrar no saguão do hotel, porém, que tivemos a visão do paraíso – pelo menos para nós, surrados viajantes. Já era tarde para chegar a Borobodur – que, pelas informações que recolhemos, fica a pouco mais de uma hora da cidade. Assim, decretamos fim de tarde livre! Como tudo em volta estava fechado, ficamos ali mesmo no hotel, desfrutando da piscina, do jardim, do bufê (acho que comi uns três *nasi goreng* – um arroz frito, espécie de prato nacional indonésio), e... escrevendo cartões-postais. Esse, como não canso de repetir, é um dos meus passatempos favoritos – e, mais do que escrevê-los, gosto de imaginar as pessoas recebendo-os. Como diz um amigo, o que você recebe hoje pelo correio? Contas e mala-direta. Quem ainda escreve cartas – ainda mais cartões-postais? Por isso mesmo, quando aparece um na sua caixa postal – real, não virtual –, é a maior surpresa. E se for de um lugar bem longe e diferente, então, melhor ainda.

Como Djoja, por exemplo! Ali, à beira da piscina, escrevi tantos que acho que bati um recorde – contando, inclusive, a outra volta ao mundo: 47 cartões! Tomara que eles encontrem 47 rostos felizes...

lá e acolá

▶ Borobodur impressiona por seu tamanho, mas boa parte da beleza desse patrimônio da humanidade está nos detalhes dos seus cinco quilômetros de paredes esculpidas. São imagens de Buda, cenas cotidianas, enfeites e outras representações que se destacam na grande silhueta do monumento.

Suvenires nada budistas à venda nos camelôs de Borobodur (no detalhe, cavalos de brinquedo)

Dia 2

Duas horas no trânsito foram quase suficientes para quebrar o encanto de um dia tão maravilhoso quanto o de hoje em Borobodur. Quase. A experiência de ver aquele templo gigantesco cheio de gente foi especial demais para ser estragada por um mero tráfego – tudo bem que não era um "mero tráfego", especialmente durante a hora inteira que a

5 lugares para meditar

- Borobodur (Indonésia), se você conseguir pegar um dia calmo
- Templo Xieng Thong, Luang Prabang, Laos
- Torre do palácio de Ordu Baliq, vale do Orkhon, Mongólia
- Rose Harbour, British Columbia, Canadá
- Sewell, completamente vazia, no Chile

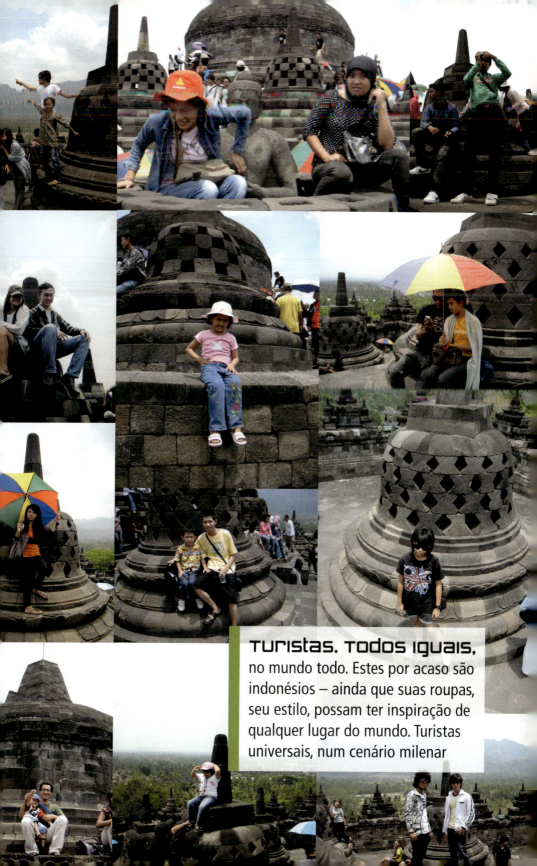

turistas. todos iguais, no mundo todo. Estes por acaso são indonésios – ainda que suas roupas, seu estilo, possam ter inspiração de qualquer lugar do mundo. Turistas universais, num cenário milenar

a história de mura também é sua

Na nossa série na TV destacamos Suzy, a professora de *batik* como nossa personagem. Ela nasceu e cresceu em Djojakarta, tem o maior orgulho de ter passado a vida ao lado de um monumento que é referência mundial, e apesar de seus filhos morarem fora, quer que eles espalhem pelo mundo a cultura de seu país. Mas nosso guia em Borobodur, Mura Aristina, também vale a pena ser destacado, por sua dedicação e conhecimento do lugar. Mura, que tem 26 anos, praticamente cresceu no monumento. Ainda pré-adolescente, começou a trabalhar ajudando o pai na limpeza. Depois, ganhou a confiança da administração e foi durante anos segurança de Borobodur. Hoje, depois de ter estudado história e se especializado no passado do templo, Mura (que é muçulmano) dá aulas sobre a cultura em torno do maior templo budista do mundo. Ele é casado, tem dois filhos e ainda trabalha como guia turístico com grupos que querem visitar outros lugares na região de Djojakarta. Ah! e Mura tem também um ponto fraco... Sua paixão por futebol. Quando viu que tínhamos uma camiseta da seleção brasileira conosco, pediu de presente... e levou!

gente ficou esperando para atravessar um rio cuja ponte não estava pronta (a antiga estava condenada)... Agora, sentado no jardim do hotel, ensaiando para escrever mais alguns cartoes-postais (não é que faltaram alguns ontem?), fico recapitulando o que gravamos hoje e só consigo achar que foi tudo muito especial.

Aliás, está acontecendo uma coisa engraçada comigo: desde Tombouctou, toda vez que vou gravar a abertura da reportagem, bem na hora em que tenho que falar o nome da série – "Isso aqui é seu" –, fico com a garganta apertada. Que emoção é essa? Sim, uma mistura de deslumbramento por ter chegado a lugares tão especiais e entusiasmo por poder mostrar isso para milhões de pessoas – como já tentei descrever. Mas deve ser algo mais, porque hoje, em Borobodur, com aquela gente toda circulando sem parar pelo templo, a sensação bateu ainda mais forte!

Quando escrevo "aquela gente toda", não é apenas força de expressão. Eu já sabia que Borobodur é um dos lugares mais visitados de toda a Indonésia. O que eu não sabia é que a maior parte desses visitantes não é turista estrangeiro, mas os próprios indonésios. E, como hoje é feriado nacional, o templo virou uma festa a céu aberto. Uma festa talvez bagunçada demais – mas ainda assim adorável.

Lúcio e Ian "em ação" na missão quase impossível de encontrar um canto mais tranquilo em Borobodur

Logo que chegamos, pela manhã, e o Ian foi procurar o guia que nos ajudaria a gravar por lá – o Mura (pronuncia-se "Murá") –, eu e o Lúcio começamos a circular pelo mercado que divide espaço com o estacionamento (ambos gigantescos) na entrada do parque onde fica nosso patrimônio da humanidade. E o que vimos ali foi um verdadeiro patrimônio do consumo! Feirinha *hippie* perde... Milhares de reproduções das estupas de pedra (já falo sobre elas); máscaras fajutas; *batiks* mais fajutos ainda (eram estampados industrialmente, e não feitos à mão); um curioso instrumento que soa como um xilofone, mas é feito de bambus que vibram ao toque dos dedos; bebidas e comidas de origem duvidosa – e mais um bando de quinquilharias. Tudo mera distração do verdadeiro motivo que leva todo mundo até lá: o templo de Borobodur!

Quando finalmente encontramos Mura – Ian demorou horas para achá-lo, já que todo mundo dizia que ele não teria ido trabalhar por conta do feriado! –, fomos logo para o monumento, cuja visão, mesmo de longe, já era impressionante. Construído entre os séculos 8 e 9, quando o budismo era a religião predominante em Java, ele foi abandonado por volta do século 15, quando o islamismo tomou conta da ilha – e, com o tempo se espalharia por todas as outras ilhas, transformando a Indonésia (à época uma nação relativamente nova) no maior país muçulmano do planeta.

Esquecido como centro religioso, Borobodur foi literalmente abandonado no meio da mata – e só redescoberto por exploradores europeus no início do século 19! Imagine, todas aquelas esculturas em pedra, mais as 504 estátuas de Buda, as 72 estupas (já, já) no topo (esses números

lá e acolá

▶ Numa aula rápida, nosso guia Mura ensinou algumas posições das mãos de Buda (algumas delas reproduzidas logo na abertura deste livro), que podem significar um punhado de coisas, desde serenidade até o ato de dar alguma coisa – que é, para mim, o mais bonito: a mão está aberta e a outra tem de vir e pegar a oferenda... Esta aí ao lado não quer dizer exatamente nada – a não ser a alegria de estar em Borobodur.

Escada lotada de turistas subindo ao topo de Borobodur

não são gratuitos: a soma dos algarismos tem sempre que dar 9, o número "sagrado") – tudo isso simplesmente esquecido por séculos? Enquanto Mura ia dando essas e outras informações, o próprio templo foi se fazendo mais presente – e, de uma hora para outra, me desliguei completamente do discurso do nosso guia. Era como se aquela construção enorme tivesse passado a emitir um som próprio – retumbante – e demandasse toda a atenção só para ela.

Eu até gostaria de poder completar dizendo que a experiência tinha algo de zen... Mas não foi bem assim. Imponente como é, Borobodur estava "tomado" por turistas vindos de todas as partes da Indonésia: da capital, Jacarta; de Surabaya (norte de Java); ou mesmo de outras ilhas como Sumatra, Bornéu ou Sulawesy. Aqui e ali, pelas brechas de seus muros de pedras cinza-escuras, rápidos *flashes* de cor indicavam a circulação de turistas pelos corredores. E aquele era o lado mais "tranquilo" – sugestão de Mura para conseguirmos imagens mais "serenas". Quando chegamos à entrada leste, onde nasce o sol, a multidão que circulava pelo mercado parecia ter subido toda de uma vez.

▶ Há histórias que, se não são verdadeiras, são bem inventadas. Foi Mura que me contou que a forma de uma estupa, um dos símbolos da espiritualidade budista, veio da folha da árvore de *bodhi* dobrada – a árvore sob a qual Buda teria se sentado para meditar por anos até se tornar o "iluminado". Na dúvida, fizemos a prova e... bem, a forma é mesmo parecida!

Finalmente um canto tranquilo em Borobodur...

Pela escada estreita que dá acesso a essa entrada leste, duas filas – uma ascendente e outra descendente – iam escorrendo cores variadas, as das copas dos guarda-chuvas (úteis para proteger do sol). O movimento era lento – e, quando me arrisquei a subir a escada, entendi por quê: as idades das pessoas que subiam iam de um ano e meio – ou até antes, se a criança já tivesse um mínimo de agilidade sobre os dois pés – até os oitenta e tantos anos (quem sabe até mais?). Assim, acompanhar a subida era sobretudo um exercício de paciência – que interrompi algumas vezes, saindo para circular pelos corredores ricamente esculpidos na pedra.

Esse trajeto (que, como Mura explicou, se percorrido por inteiro, totaliza cinco quilômetros) é ligeiramente menos frenético, e permite uma certa

lá e acolá

▶ De todos os budas que protegem Borobodur dentro das estupas, apenas um é o "da sorte": se as mulheres tocarem seu dedo do pé, e os homens o da mão, todos os desejos serão realizados. Achei fácil – será que é porque meu braço é mais longo que o da média dos indonésios...

Várias estátuas de Buda estão sem a cabeça, e os turistas aproveitam para tirar fotos...

contemplação da paisagem – o templo está no meio de um "anel" de montanhas, cercado por uma vegetação exuberante (poucos lugares que visitei são tão lindos no que diz respeito à integração entre uma obra do homem e a natureza – talvez só Angkor, no Camboja). Depois desse respiro, você dá a volta completa e quer chegar ao topo – e aí não tem jeito: tem que encarar a escada, invariavelmente cheia. E quando chega lá em cima... mais gente!

Sim, o lugar é um templo sagrado. Mas ninguém aqui está demonstrando reverência... No círculo superior, a população é suficiente para entupir os estreitos caminhos entre as estupas, que são (finalmente, a explicação) esculturas cuja forma lembra um sino e que simbolizam o caminho da espiritualidade de Buda. Uma das explicações para a origem

5 sons que pontuaram nossa viagem

- Música religiosa muçulmana (Borobodur, Indonésia)
- Tambores e pratos de monges budistas (Luang Prabang, Laos)
- "Cuando maravilla fui", El Guincho, no meu iPod (que virou o tema de abertura da série na TV)
- "Single's lady", de Beyoncé (por todo lugar)
- "Passe em casa", dos Tribalistas (na despedida de Vancouver, Canadá)

desse formato curioso, como explica Mura, vem da folha de uma árvore conhecida como *bodhi*, a figueira sagrada sob a qual o próprio Buda teria meditado anos até receber a iluminação. De fato, se você dobrá-la ao meio, é possível ver uma forma parecida com a que adorna o topo de Borobodur. Mas parece que ninguém aqui está ligado nessa história – e, mesmo com os avisos de "não subir" espalhados pelo templo, sobem, descem e andam em cima das estupas como se elas fossem uma atração de um parque de diversões.

Minha primeira reação como turista "consciente" foi condenar essa farra. Mas aí comecei a reparar nas pessoas que faziam estripulias sobre as estupas e, estranhamente, fui simpatizando com elas – ainda que ligeiramente perturbado pelo moderado vandalismo que demonstravam. Fiquei fascinado com a galeria de poses que esses turistas indonésios faziam. Comecei tirando algumas fotos roubadas, de pessoas que estavam posando para outras câmeras (uma brincadeira que adoro e que sempre deu bons resultados – especialmente quando estive no Japão!), mas logo fui perdendo a vergonha e fotografando as pessoas de frente. Não demorou muito para elas começarem a fazer poses especialmente para mim. E, em seguida, comecei a sair nas fotos com eles – isso mesmo: os turistas me chamavam para tirar uma foto!

De vez em quando voltava o incômodo com aquele trança-trança em pedras tão sagradas. Mas nada ali tinha a intenção de depredar – era pura diversão. E na estupa com o Buda da sorte, então... Todas as 72 estupas de Borobodur têm uma estátua de Buda dentro, mas apenas uma delas – sem motivo aparente, já que são todas iguais – é capaz de transformar seu sonho em realidade! Basta enfiar o braço na estupa e

lá e acolá

▶ Nas capas de revistas indonésias, quase as mesmas reportagens e quase as mesmas imagens que você encontra em uma banca por aqui, não fosse por um pequeno detalhe: as mulheres estão usando o véu muçulmano, adaptado conforme o gosto pessoal. Nada como ser criativa e religiosa!

Banda de música religiosa muçulmana nos arredores de Borobodur

tocar o Buda – os homens devem tocar no dedo anular da mão direita, e as mulheres, na sola do pé direito. Precisa dizer que uma pequena multidão tomava conta do local? E que eu não quis ficar de fora?

Saí de Borobodur com a impressão de que a atitude daquelas pessoas não era negativa: era respeitosa e lúdica, curiosa e informal – acima de tudo, viva. Esse é um monumento do qual os indonésios se orgulham muito – não importa de que canto (ou ilha) do país eles venham (e diferença de religião certamente não é um fator para rejeitá-lo). E foi muito bom ver como eles se relacionam com esse patrimônio da humanidade.

Antes de sair do parque, demos mais um passeio pelo "camelódromo" e tivemos uma surpresa: um grupo de música religiosa muçulmana se apresentava num palco ao ar livre. O som que eles produziam era tão lindo que, mesmo sem entender uma palavra, achei que poderia incluí-los na nossa reportagem. Ian insistiu com eles e... logo o grupo estava tocando e cantando só para nós – uma melodia linda que não me saiu da cabeça até o fim do dia. Acabou me acompanhando no almoço simples – e tardio – que comemos à beira da estrada, e também em mais uma noite preguiçosa à beira da piscina do nosso hotel em Djoja (é bom aproveitar enquanto a gente ainda tem mordomia...).

▶ Pode parecer estranho, mas o mercado de aves de Djojakarta vende também outros bichos. Macacos, morcegos, cobras, texugos – e até mesmo filhotes de dragão-de-komodo, o maior réptil do mundo, tão raro que só vive hoje em reservas especiais, na própria Indonésia.

necessidades
básicas

hospedagem

Já no meio da viagem – e com um certo cansaço – o hotel de Borobodur, com quarto espaçoso, (ventilador, ar-condicionado, mosquiteiro!), piscina e um bom restaurante foi um grande presente. Merecido...

comida

Já havia ido duas vezes para a Indonésia, mas só para Bali. Talvez, por isso, a lembrança gastronômica que tenho é de frutas deliciosas (mangostim, lichia) e de um bom arroz frito (*nasi goreng*). Assim, sem muita opção nos restaurantes estritamente muçulmanos (como este da foto), era ele – o bom arrozinho frito – que nos salvava!

transporte

Para os residentes, não há opção: o transporte é sempre com moto, que congestiona as ruas e estradas. O turista, porém, tem sempre a opção de um riquixá – uma espécie de charrete pequena, só que puxada por... gente!

Dia 3

Para um dia que começou meio sem rumo, até que conseguimos fazer coisas bem legais – e, de certa maneira, até arriscadas, especialmente se alguém ainda achar que a gripe aviária pode se tornar uma epidemia mundial... Fomos visitar o mercado de aves – um lugar relativamente famoso em Djoja, que descobrimos por acaso, quando encontramos um turista alemão meio perdido no centro da cidade (mais ou menos como nós).

Estávamos fazendo umas cenas de rua, tentando captar o estilo dessa gente – e em especial dessas mulheres, que usam um véu muçulmano que não é bem aquele que estamos acostumados a ver nos países árabes, mas mais arejado, claro e solto (e ainda com uma aba para proteger do sol). Separei-me por alguns minutos da equipe para procurar selos para meus cartões-postais em alguma banca de revista (neste terceiro dia de feriado de ramadã, os correios ainda estavam fechados). Não foi difícil encontrar uma, e, enquanto a mulher que tomava conta da banca me ajudava a lamber dezenas de selos para colá-los nos envelopes, fiquei olhando as revistas que ela vendia e tive uma espécie de epifania: eram quase as mesmas revistas que a gente encontra no Brasil ou em qualquer outro lugar do mundo – sobretudo as femininas. Mas com uma diferença fundamental: as modelos estampadas nas capas usavam véus! Sensacional! Tudo normal – só que elas estavam de véu! Não entendia nada das manchetes em indonésio, mas uma delas trazia em inglês algo como: "Aproveite o ramadã para dar uma repaginada". Sensacional (de novo)!

Cultura é essa coisa louca. A gente pensa que só existe a nossa, mas elas são tantas, e todas tão ricas, diversas e fascinantes! Por que a mulher indonésia (e muçulmana) não pode também se sentir bonita? O que há de tão estranho em colocar na capa a foto de uma feliz família muçulmana? Quantas revistas assim existem pela Indonésia e pelo mundo afora? Fico louco só de pensar nas possibilidades de descobertas que a gente pode fazer. Toda vez que vejo alguma coisa sobre "universos paralelos" no espaço sideral, penso: mas quem disse que conhecemos todos os universos que temos aqui mesmo?

Enquanto fotografava essas revistas, e – creio – na qualidade de alguém que não se parece com um indonésio, fui abordado pelo tal turista

Galos de briga e dezenas de passarinhos numa gaiola – cenas tristes do mercado de aves

alemão. Como percebeu que éramos uma equipe de TV, achou que deveríamos ter mais informações do que ele – que estava com um grosso livro-guia na mochila. Ele estava procurando o mercado das aves – do qual nem havíamos ouvido falar (nosso foco era Borobodur, lembra?). Mas, como parecia uma promessa de boas imagens, perguntamos ao motorista que nos acompanhava onde era, e ainda oferecemos uma carona até lá para o alemão – que não estava em condições de recusar alguns minutos no ar-condicionado...

Foi quando chegamos ao mercado que lembramos que, um dia, o mundo já teve medo da gripe aviária. O perigo já havia passado (pelo

lá e acolá

▶ Primeiro nós começamos a tirar fotografias de todo mundo. Depois, eram eles que queriam tirar foto da gente - ou melhor, com a gente! Grupos enormes, famílias inteiras, ficavam tão surpresas de encontrar visitantes de bandas tão distantes (Brasil!), que não resistiam e pediam uma foto, como esta!

Grilo "de briga" também tem muita saída no mercado de aves...

menos o de epidemia), mas com tantos passarinhos juntos (e pombos e galos e galinhas, acho mesmo que havia até umas ararinhas brasileiras por lá, sem falar no martim-pescador...), aquilo deve ter sido o berço da histeria mundial de três anos atrás. Estranhamente, isso me preocupou menos que o estado das aves, inevitavelmente maltratadas no seu confinamento. Quando chegamos a um canto do mercado onde outros bichos eram vendidos – texugos, cobras, morcegos, gatos, macacos (!) e até dragões-de-komodo (um animal raro, cuja população de menos de 5 mil bichos se espalha por poucas ilhas da Indonésia) –, comecei a ficar meio desesperado. Tínhamos de sair logo dali!

▶ Fui pela primeira vez à Indonésia em 1986 (faz tempo...), para estudar dança balinesa. Borobodur, claro, não fica na ilha de Bali, mas em Java. Mesmo assim, bateu aquele *flashback* só de entrar em contato com a cultura indonésia - e acabei lembrando de uma posição da dança...

É só procurar... Mesmo no meio de uma multidão barulhenta e agitada, você consegue achar um canto de paz em Borobodur

olha o que eu
trouxe de lá...

Não é tão difícil ver a diferença entre um *batik* industrial e um artesanal. A começar pelo preço – o segundo, claro, custa bem mais caro. Mas há uma "zona cinzenta" em que o preço e a qualidade se confundem – e aí você deve procurar na estampa detalhes que indiquem que aquele padrão não é repetido. Fique de olho, porque o motivo *batik* sempre entra e sai da moda, mas uma bela seda estampada à mão é eterna... Só que esse é um suvenir que você pode encontrar em qualquer canto da Indonésia – sobretudo em Bali, onde são feitos os mais bonitos. Mas, então, o que um turista pode levar, que seja exclusivo de Borobodur? Encontrei um divertido brinquedo de criança, um cavalinho de palha, que coube bem no fundo da mala. Só que ninguém me garantia que fosse algo típico do lugar. Só mesmo miniaturas das estupas encontradas no topo do templo não deixam dúvida: são um legítimo suvenir de Borobodur!

Nossa aula-relâmpago de batik *resultou nesta lembrança (até que não ficou ruim...)*

Na rota da retirada, porém, tivemos outra surpresa: barracas que vendiam apenas insetos – insetos! A maioria deles, para alimentar os pássaros, mas grilos eram vendidos para "brigas". É, briga de grilo, nunca tinha ouvido falar? Nem eu... Mundo estranho...

(...)

Acabamos nos atrasando no mercado de aves – acho que foram aqueles insetos! – e tivemos de fazer o curso de *batik* que estava programado para a tarde toda em menos de uma hora. Foi corrido, mas bem legal: a professora, a senhora Suzy, nos mostrou uma versão resumida da técnica milenar de impressão de tecidos, feita em várias camadas sucessivas, cada uma com um traço coberto por uma camada de cera e uma tinta de cor cada vez mais forte (é bem mais complicado que isso, mas é só para você ter uma ideia). Nossa versão relâmpago tinha só duas cores, e, no lugar de um daqueles desenhos elaborados com fauna e flora local (como os que eram feitos no palácio do sultão, segundo Suzy), desenhei apenas a minha versão para o logotipo do *Fantástico*. Para alguém que não tem o dom do traço, como eu, ficou até decente. Satisfeito com meu "trabalho", ia saindo tão apressado que caí num poço seco no quintal do ateliê de Suzy, o que me obrigou a tomar outro banho no hotel – do qual já havíamos feito o *check-out* – em apenas segundos, já que estávamos atrasadíssimo para o aeroporto. Carro abarrotado, trânsito infernal de Djoja – já que as pessoas voltavam do feriadão –, mas tudo bem. Acabamos de conhecer mais um lugar fascinante, que me fez pensar, talvez mais do que qualquer outra escala até agora, sobre nossas diferenças (e semelhanças) culturais.

(...)

Na sala de espera do aeroporto de Djoja – esperando a inevitável conexão para Jacarta e daí para voltar a Bangcoc e seguir viagem – havia muitos televisores ligados em canais diferentes. Nada de muito bom, pensei – já que era a primeira vez que eu prestava atenção à TV indonésia. A cada programa que conferia, porém, eu me lembrava mais intensamente de um comentário muito lúcido de uma amiga, algo como: "Todo mundo diz que é difícil fazer TV, mas é fácil... vai lá, liga a câmera, fala alguma coisa, inventa uma história, dá uma notícia, faz uma gracinha – e pronto! Agora fazer TV bem feita...".

Vejamos o cardápio dessa noite de sexta-feira nos monitores do aeroporto de Djoja: primeiro, uma novela de época – ou que parecia ser de época, já que a ação se passava numa caravela, embora as pessoas parecessem estar vestidas com roupas contemporâneas. Muitos personagens... não fiz questão de investir. Na tela oposta, um noticiário estático e monótono (em indonésio). E, na tela no fundo da sala, outra novela – tão familiar que, mesmo sem entender uma palavra de

lá e acolá

▶ Já na saída da Indonésia, no aeroporto de Djojakarta, encontramos um banco cujo nome permitia um trocadilho irresistível: Lippo Bank! Já pensou que maravilha: você deposita duas gordurinhas lá e... esquece! (O problema é se elas começaram a render dividendos...)

indonésio, eu era capaz de dizer exatamente o que estava acontecendo. Embarcamos e, apenas 45 minutos depois, já estava em frente a outra TV – essa, numa arejada sala de espera do aeroporto de Jacarta –, que mostrava um programa com dicas de moda para mulheres que usam véu (que imediatamente relacionei com as revistas que vi hoje à tarde em Djojakarta). Consegui acompanhar duas variações – uma que realça as linhas do pescoço, deixando o véu bem justo, e outra onde o tecido faz uma espiral sobre os ombros da modelo (um efeito interessante!). Quem disse que elas não podem respeitar a religião e ser... criativas!

Em outros canais, mais duas atrações. A primeira é um programa que, como li em algum lugar, está fazendo o maior sucesso na Ásia: a transmissão de jogos de videogame! Isso mesmo: já chegamos a esse estágio... Esse que eu via era uma corrida de carros: quatro participantes entravam num cenário poderoso, eram recebidos por uma mocinha bem maquiada, iam para a frente de um computador e... corta para seus "carros" disputando um circuito cheio de obstáculos (será que isso demora para chegar ao Brasil?). Depois vi um programa de "horário nobre" – tipo *talk show*. O anfitrião usava um *smoking* e recebia dois grupos de comediantes – um casal bem jovem (e bem caricato) e quatro senhoras muito arrumadas e engraçadas. Pareciam quatro "Nair Bello" – só que indonésias. E arrancavam gargalhadas da plateia – até minhas (e olha que não entendia uma palavra!).

De fato, é fácil fazer TV – lembrei-me novamente da minha amiga. Aqui, do outro lado do mundo, uma cultura *pop* nem melhor nem pior que a nossa, apenas diferente (e irritantemente igual...). É por isso que eu viajo...

▶ O *batik* (impressão sobre tecido tradicional da Indonésia) é muito procurado pelos turistas, mas é bom pesquisar antes de comprar. Nessa loja, ficamos uma hora para pegar uma camisa com um desenho original, feito à mão – e não industrial. Se bem que só pelo preço você já vê a diferença...

Gente, muita gente, em **Borobodur**. E quando já estávamos nos acostumando a isso, a ter sempre pequenas multidões à nossa volta, nos lembramos de que no nosso destino estava justamente um país, também budista, onde o isolamento é a regra, e não a exceção...

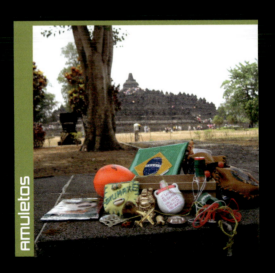

De Borobodur
para...

sétima parada

vale do orkhon

PAISAGEM CULTURAL DO VALE DO ORKHON, MONGÓLIA

Patrimônio desde: 2004
Latitude: N 47º 33'24"
Longitude: E 102º 49'53"
Critérios: - intercâmbio de valores humanos
- registro excepcional de uma tradição cultural viva
- exemplo fora de série de arquitetura de um estágio da história humana

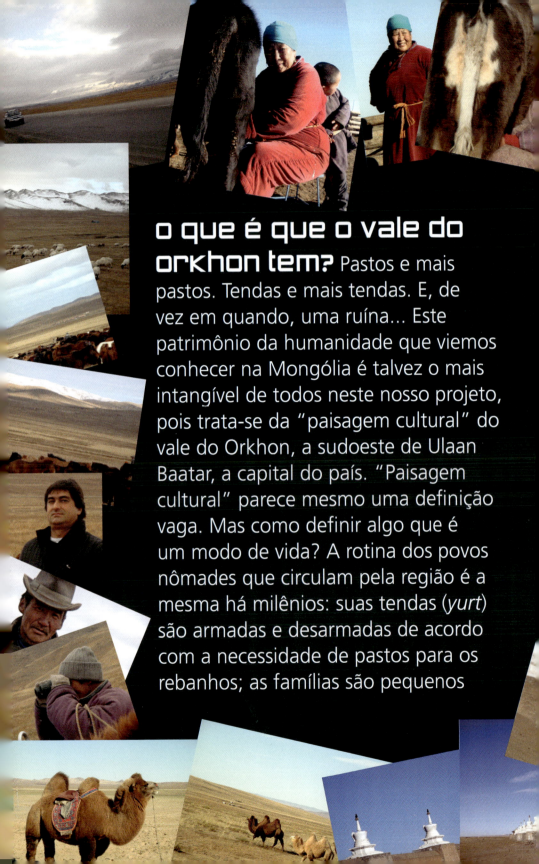

o que é que o vale do orkhon tem?

Pastos e mais pastos. Tendas e mais tendas. E, de vez em quando, uma ruína... Este patrimônio da humanidade que viemos conhecer na Mongólia é talvez o mais intangível de todos neste nosso projeto, pois trata-se da "paisagem cultural" do vale do Orkhon, a sudoeste de Ulaan Baatar, a capital do país. "Paisagem cultural" parece mesmo uma definição vaga. Mas como definir algo que é um modo de vida? A rotina dos povos nômades que circulam pela região é a mesma há milênios: suas tendas (*yurt*) são armadas e desarmadas de acordo com a necessidade de pastos para os rebanhos; as famílias são pequenos

núcleos móveis; e nem mesmo as roupas típicas parecem ter mudados depois de séculos.

Junte-se a isso a própria natureza, típica do vale – montanhas, vegetação rasteira, rios cortando a imensidão – e algumas genuínas relíquias históricas – como os resquícios do palácio de Ordu Balik, perto de Kharkhorin, que já foi a capital do gigantesco império mongol sob o comando de Gêngis Khan – e o resultado é a tal "paisagem cultural", que, se não está diretamente ameaçada, com certeza tem dificuldades de se encaixar num mundo que se transforma cada vez mais rápido.

grandes horizontes

no meio do nada
a *aventura* mais
surpreendente
de toda a viagem

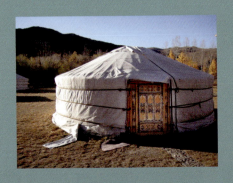

E VIVA GÊNGIS KHAN! Ele está por toda parte aqui na Mongólia. Será que é "só" porque ele conquistou o maior império da história da humanidade (pelo menos em extensão contínua de território)? O "cara", se me permite a intimidade, está em todo canto – a começar pelo aeroporto, que se chama... Gêngis Khan! Está nas notas de *tugrug* – a moeda da Mongólia –, e no nome de ruas, praças, bancos, lojas, lanchonetes e afins. Estou brincando, e sei que é fácil, hoje, brincar com a figura de um grande conquistador. Mas basta pisar na Mongólia para perceber que sua importância ainda é vital para os mongóis modernos. Respeitado – e temido – na sua época (final do século 12, começo do 13), Gêngis Khan está longe de ser uma caricatura.

Atravessando este país tão conhecido pelo nome e tão pouco visitado na prática, fomos mergulhando num passado que, embora distante, se reflete no modo de vida deste povo nômade até hoje. Onde mais você pode conhecer uma família que vive como seus antepassados viviam há dois mil anos (descontando o telefone celular e a TV por satélite)?

Camelos atravessam planície a caminho do vale do Orkhon

Dia 1

Felizmente, o esforço de agradar aos turistas que chegaram para as Olimpíadas de Pequim ainda durava – pelo menos nos primeiros meses depois do evento. Sim, porque se não fosse a agilidade – ou melhor, a perseverança – de uma funcionária do aeroporto em nos embarcar no brevíssimo tempo que tínhamos para a conexão (para nos levar a Ulaan Baatar), teríamos de encarar um dia inteiro na capital chinesa. Quer dizer, passaríamos o dia numa sala da polícia de imigração como alienígenas ilegais, já que não tínhamos visto para a China. Era só conexão, certo? Nem previmos isso...

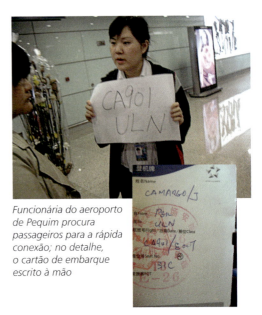

Funcionária do aeroporto de Pequim procura passageiros para a rápida conexão; no detalhe, o cartão de embarque escrito à mão

Assim que saímos do avião em Pequim, porém, a tal funcionária eficiente estava com uma placa que a princípio me pareceu escrita em chinês – ou numa abreviação em chinês, já que os rabiscos que ela mostrava não me diziam nada. Enfim, reconheci as letras ULN e concluí que deveria ser a sigla do aeroporto (como Guarulhos, em São Paulo, é GRU) do nosso destino, Ulaan Baatar. Logo... éramos nós mesmos que ela estava procurando! E aflita! Tínhamos apenas 35 minutos para correr até o outro portão de embarque para o voo até a capital da Mongólia. Nossas bagagens já tinham sido despachadas, mas estávamos sem o cartão de embarque (o que me deu uma estranha sensação de que, por uma bizarra distorção dos fatos, nossas malas estavam mais bem acomodadas

lá e acolá

▶ Duas visões inusitadas da janela do avião, no trajeto entre Pequim e Ulaan Baatar: a primeira, de um trecho de Muralha da China (pelo menos o Lúcio me garantiu que era isso...); a segunda, pouco mais de uma hora depois (quando tirei um cochilo), das montanhas nevadas, já na Mongólia.

do que nós naquela transferência). No entanto, para conseguir nos embarcar, a tal funcionária, talvez ainda imbuída do que havia sobrado do espírito olímpico, parecia firmemente determinada a bater o recorde de travessia de corredores (com obstáculos). Senti firmeza.

Quando chegamos ao balcão da Air China, Lúcio e Ian conseguiram seu cartão de embarque, mas, na hora de emitir o meu, o computador "fechou" o voo. Ligeiro pânico: será que eu não poderia embarcar? Numa prova de que os chineses aprenderam a improvisar durante as Olimpíadas (talvez com a delegação brasileira), meu bilhete foi escrito à mão! Mais uma corrida – essa, sim, digna de um medalhista (eu teria levado pelo menos um bronze) – e estávamos dentro do avião para Ulaan Baatar. Estava tão cansado que quase perdi a vista de um trecho da Muralha da China – eu até olhava pela janela, mas quase sem ver nada. Foi preciso o Lúcio gritar de uma fileira distante para eu finalmente perceber que estava sobrevoando um dos maiores monumentos da humanidade – que ainda não conheço de perto. Que ironia!

(...)

Dormi vendo parte da Muralha da China e acordei com uma paisagem de neve na janela do avião. Fiquei animado! Já estávamos sobre a Mongólia. Era excitante lembrar que, numa mesma viagem, passamos pelo deserto do Saara, pelo calor úmido da Indonésia e pelas montanhas geladas da Mongólia... Quando escolhemos o roteiro, contrastes assim já estavam previstos – e até planejados. Mas vivê-los – e num espaço tão curto de tempo – tem um outro sabor. "Na capital, Ulaan Baatar, a temperatura é de -1°C", anunciou o comandante do avião. Nem liguei...

▶ Na confusa arquitetura da capital da Mongólia, antigos templos de inspiração chinesa dividem a mesma quadra com prédios modernos. Na praça principal de Ulaan Baatar, linhas que lembram uma estética comunista. O resultado? Uma verdadeira confusão urbana...

Bem-vindo a Ulaan Baatar!

Na chegada ao aeroporto, mais um *flashback* da outra volta ao mundo, desta vez provocado pelos motoristas de táxi. Lembrei-me da nossa chegada a Tashkent, capital do Uzbequistão, em 2004 – que todos os que ofereciam uma condução para o hotel tinham uma cara suspeita. Aqui foi a mesma coisa – e, assim como em Tashkent, não tínhamos opção: ficamos reféns de um desses esquemas de "traslado" (na verdade, um taxista suspeito extorquindo dinheiro de um turista recém-chegado). E lá fomos nós para a cidade – que não é tão perto do aeroporto, e nem o trajeto é dos mais bonitos.

Quando chegamos ao centro, onde ficava nosso hotel, me veio mais uma lembrança do Uzbequistão. A arquitetura urbana tem um forte sotaque comunista: todas as linhas retas, tudo muito imponente – e, no caso de alguns monumentos e prédios públicos, imponente demais. Mas isso não me tirou nem um pouco a vontade de explorar Ulaan Baatar imediatamente – antes de partirmos amanhã para o interior do país.

lá e acolá

▶ Em pequenos templos que fazem parte do museu Choujin Lama, alegorias de antigos monges acabam criando uma atmosfera ainda mais sombria – quando não estranhamente engraçadas. Muitas dessas figuras nos fazem lembrar o velho trem-fantasma de parques de diversão itinerantes.

(...)

Já estou deitado, e esta deve ser a noite em que vou dormir mais cedo em toda a viagem – e não sem motivo. Depois do longo trajeto, da conexão tumultuada e de bater pernas pela capital da Mongólia, é óbvio que estou exausto. E deu trabalho garimpar coisas interessantes na cidade, como por exemplo o museu Choujin Lama, escondido por muros que me pareciam apenas velhos – e não antigos.

É um complexo de meia dúzia de pequenos templos budistas de inspiração obviamente chinesa (que contrastavam com os prédios modernos que estão sendo construídos a sua volta). Não são templos muito antigos (início do século 20), mas dentro deles há belas coleções de instrumentos, esculturas, máscaras, grandes estátuas – e algumas das pinturas religiosas mais estranhas que já vi. A maioria das imagens está protegida por vitrines, mas algumas estátuas e máscaras estão expostas em altares abertos – e são assustadoras. (Em um dos menores templos há uma galeria de esculturas de monges, cada um na sua alcova, que lembra um trem fantasma de cidade do interior). São rostos exagerados – verdadeiras caretas – usadas em danças e cerimônias. E mais vestes e painéis também religiosos.

O que mais me chamou a atenção foram grandes pinturas no teto de imagens horripilantes: corpos mutilados; buquês que parecem de flores, mas que, vistos de perto, são um maço de órgãos arrancados de seres humanos (rins, corações); membros amputados. Os rostos exibem diversas expressões de agonia. E mais: frágeis bonecas de panos penduradas de cabeça para baixo na borda do altar principal,

5 línguas curiosas que ouvimos

- O mongol, com seu choque de consoantes
- O quíchua, que ouvimos no Peru, e está ameaçado de sumir
- O azeri, uma estranha variação do turco
- O sempre agradável e cantado tailandês, na nossa folga...
- O suaíli, que sempre parece amigável, na Tanzânia

Nenhuma outra criança

num raio de quilômetros. Nenhuma outra paisagem no horizonte. Nenhuma pressa de ir a lugar algum. O menino brinca com o bezerro e não poderia estar mais feliz

a história de okhuntemid
também é sua

Primeiro ela ordenha as éguas. Depois as vacas. E, no final, as cabras. Quando ela termina essa rotina, ainda não são nem seis da manhã. O dia não está nem começando e Okhuntemid já fez muita coisa – e até preparara a família para suas atividades. O marido sai cedo para pastorear o rebanho e o filho mais velho tem que ir para a escola. Só no meio da manhã é que ela tem tempo para o seu bebê – que até então estava com a avó. Todos moram no *yurt* – a tenda que eles já são craques em montar e desmontar em menos de duas horas. Okhuntemid ainda não fez 30 anos, mas já tem a experiência de quem já viveu o dobro disso. Na adolescência, estudou em Ulaan Baatar, mas não gostou da experiência. Felicidade para ela é a liberdade que seu estilo de vida nômade lhe proporciona – algo tão especial a ponto de ser proclamado patrimônio da humanidade.

Bonecos de pano e pinturas representam corpos mutilados no museu Choijin, em Ulaan Baatar

estampando sofrimento. Que variação do budismo seria essa? Seriam essas imagens um anúncio das torturas que sofreremos no além? Com a luz do dia indo embora – e ligeiramente apavorado com a possibilidade de ficar preso ali (eu era um dos poucos visitantes naquela tarde) –, bati em retirada pelas ruas de Ulaan Baatar. E sem mapa.

Como eu já disse, nosso hotel fica bem no centro – mas centro do quê? Fica perto da praça principal, que é definida pela "Avenida da Paz" e cercada por prédios cheios de colunas que não deixam dúvida: são bancos. Aliás, a palavra "banco" é a que mais se lê em feias fachadas e letreiros. Mas, se as fachadas não são bonitas, é um prazer observar as pessoas que circulam pelas ruas. Com traços dramáticos – olhos puxados como se fossem se rasgar, rosto mais quadrado que o dos chineses, as maçãs da face vermelhas como se tivessem sido pintadas, os cabelos bem lisos e um sorriso naturalmente receptivo –, as pessoas aqui só perdem em beleza dramática – pelo menos entre as etnias que conheço – para as que encontrei no Uzbequistão (para citar novamente o país, mas agora de uma maneira positiva!).

Há muitos jovens na rua – raros são os mais velhos, mas quando eles passam, vestidos com o tradicional traje mongol (uma túnica acolchoada e longa, usada sempre com botas), chamam a atenção pela elegância. E há sempre uma agitação tão intensa nas ruas que precisei confirmar no calendário que não era sábado, mas uma mera quarta-feira.

A certa altura, passei por uma universidade na hora da saída das aulas e fiquei encantado com a vibração daqueles estudantes – saíam conversando animadamente, alguns sem pressa alguma para pegar o

Fingindo que sei tocar alguma coisa nesta oficina de violas mongóis (repare na cabeça de cavalo em sua ponta!)

ônibus. Muitos pareciam combinar alguma coisa para mais tarde, outros exercitavam a linguagem corporal (e universal) que denota uma paquera. Eram, enfim, jovens, comportando-se como jovens – como jovens de qualquer lugar do mundo, o que me fez esquecer por alguns instantes que estava num país longínquo chamado Mongólia.

Vagando pela cidade – e tentando absorver essa ideia (sempre recorrente para mim) de que as pessoas são muito parecidas em qualquer lugar do mundo –, cheguei a uma loja de departamentos, a Ulsin Ikh Delguur (Loja de Departamentos Estatal), que é do tempo dos comunistas. Aliás, põe comunista nisso: deve ser a única loja de departamentos do mundo que não tem nem uma escada rolante. O camarada quer subir até o quinto andar? As escadas estão aí para isso mesmo! E eu queria, ou melhor, eu precisava ir até o quinto andar comprar uns chapéus típicos,

lá e acolá

▶ No caminho para o vale do Orkhon cruzamos com vários rebanhos: de cavalos, de vacas, de cabras. A surpresa foi topar com um bando de camelos – cáfila! E mais surpresa ainda quando vimos essa tartaruga de pedra no meio do nada – esse certamente é um bicho que não é natural daqui...

A apenas alguns quilômetros de Ulaan Baatar, já estamos na Mongólia rural

que são muito bonitos e... diferentes.

Saindo de lá, ainda tive pernas para passar numa fábrica de instrumentos musicais típicos, onde tive a cara de pau de pedir para tentar tocar a "viola de cavalo" – assim batizada porque o braço termina com uma pequena cabeça equina esculpida em madeira. Eu, que nunca soube tocar um instrumento, que fracassei até no xilofone de bambu em Borobodur. Que atrevimento!... O resultado, claro, foi um desastre. Mas rendeu uma bela foto – o que se deve, é claro, mais à beleza do instrumento do que à minha destreza ao segurá-lo...

Depois desse roteiro intenso, comi uma coisa rápida com o Ian num restaurante ali perto da Avenida da Paz e vim para o quarto descansar. Assim, "conversando" com o carneiro que me serviram (só havia carneiro no cardápio!), exausto da viagem e do passeio e meio zonzo com a expectativa da viagem de amanhã ao vale do Orkhon, decreto as atividades por encerradas e vou dormir antes das nove da noite.

Acho que estou precisando...

▶ No templo de Erdene Zuu encontramos várias "rodas de oração" – algumas gigantes, como esta guardada em uma pequena casa, e outras menores (como estas em que gravamos). A ideia por trás delas é simples: quanto mais voltas você der nelas, mais as orações vão se espalhar...

Dia 2

Manhã gelada – mais ou menos o que já esperávamos. Turbat, nosso guia (um arqueólogo que, talvez para ganhar uns trocados a mais, costuma acompanhar jornalistas em visita à Mongólia), já estava na porta do hotel, junto com o motorista – o que significava que seríamos cinco, meio apertados, no carro. Faríamos um trajeto de "apenas" 400 quilômetros, e ninguém garantia asfalto o tempo todo...

(...)

Estou com meu *laptop* ligado, ouvindo uma banda espanhola chamada El Gincho no meu iPod, no quarto onde vou dormir. É mais ou menos como tantas outras noites desta volta ao mundo – a não ser talvez pela escolha da música e de um pequeno detalhe: o "quarto" onde vou dormir é, na verdade, um "gurk" (ou pelo menos é assim que eles pronunciam o nome desta tenda tradicional dos nômades na Mongólia, cujo nome oficial é *yurt*). O contraste é divertido: ao mesmo tempo em que usufruo de uma tecnologia "moderna", o ambiente que me cerca pertence definitivamente a outra era. Pensou em Gêngis Khan? Pensou certo!

Chegamos a Kharkhorin (cuja pronúncia é algo como "rár-rorín") depois de uma viagem longa – talvez menos longa do que a gente estava imaginando, mas lembre-se de que nossa referência eram as 26 horas de Mali! A estrada saía muito bem de Ulaan Baatar, mas virava uma trilha de terra menos de 50 quilômetros depois da cidade.. isso quando o motorista achava uma trilha de terra. Em vários trechos do percurso,

lá e acolá

▶ Terra das sombras longas... Bem no centro do templo de Erdene Zuu, minha sombra é projetada lá longe, junto com a do *ovoo*, esse totem onde se amarram panos em reverência aos ancestrais da natureza. Na outra foto, só a sombra do Ian, se esticando na paisagem do vale do Orkhon.

Cidade literalmente no meio do nada onde paramos para comer

não havia nenhuma indicação de que alguém já tivesse passado por lá – era como se fôssemos os primeiros a trilhar aquele caminho. Para que direção íamos? Para oeste, me respondeu Turbat, sempre lacônico.

Depois de quase cinco horas viajando "por instrumentos", paramos para almoçar num entroncamento com uma dúzia de casas – algumas delas, curiosamente, com um *yurt* no quintal, como se eles construíssem a casa como uma fachada, mas preferissem viver na tenda. O cardápio do lugar era simplificado: *gulash* ou *noddles*, como anunciou nosso guia – na verdade, eufemismos para descrever dois pratos com nacos de carne (30%) e de gordura (70%), só que o primeiro acompanhado de arroz e o segundo de macarrão – e a carne, é claro, era de carneiro. Não

Paisagens de tirar fôlego

- Qualquer uma no vale do Orkhon, Mongólia
- Rio Mekong cortando Luang Prabang, Laos
- Entrada para o deserto do Saara, Timbuktu, Mali
- Vista aérea de Haida Bay, British Columbia, Canadá
- Montanhas nevadas dos Andes, Sewell, Chile

Paisagem do vale do Orkhon

O sol se põe atrás do templo de Erdene Zuu

lá e acolá

▶ Confortável é... o problema é o frio! Um *yurt* – a tenda tradicional mongol – tem todas as comodidades básicas: camas, mesinhas, cômoda, estantes – inclusive um fogareiro. Mas tem também um buraco no teto para a ventilação – e é por ali que entram as temperaturas negativas da noite!

estava ruim, mas estranho. E, uma vez encontrado, o pedaço de carne era quase sempre saboroso. Quase sempre. Todos comeram com gosto, mas, quando o Lúcio mostrou o chocolate suíço que tinha comprado no aeroporto de Bangcoc – para momentos de "emergência" como aquele –, houve comemoração.

Duas horas depois – tempo suficiente para a digestão – chegamos ao mosteiro de Erdene Zuu, em Kharkhorin, nosso destino final hoje. Nesse trecho, com uma estrada relativamente melhor, foi possível aproveitar um pouco mais a paisagem tão diferente. Aqui tudo parece vasto. As montanhas – não muito altas – parecem sempre distantes, e constantes. E a vegetação, quase sempre rasteira – pelo menos assim que deixamos Ulaan Baatar para trás, com suas colinas cobertas de neve –, fica um pouco mais farta nas margens do rio que acompanhamos (mesmo assim, árvore que é bom... não rola). De vez em quando, aparecem algumas dunas (de areia mesmo) ou uma cáfila – lembra do coletivo de camelos? – para dar a ilusão de que estamos num deserto...

Mas estamos num vale: o vale do Orkhon, justamente o patrimônio que viemos conferir! Chegamos em "apenas" sete horas (a promessa era de oito). A visão que tínhamos diante dos nossos olhos, porém, serviu para anestesiar o cansaço: Erdene Zuu! Cercada por um enorme muro – decorado com 72 estupas" (72 = 7+2 = 9... me lembrei de Borobodur e da "mania" dos budistas de fazer tudo com números que somem 9) –, a construção fazia uma bela silhueta contra o céu – que agora definitivamente estava azul. Dentro, porém, o espaço estava praticamente vazio. Turbat logo explicou que não foram poucas as invasões e tentativas de destruição que o mosteiro sofreu nos seus quase

▶ Era difícil para nós, às vezes, aproveitar a beleza que estava ao nosso redor. Mas ali, nas ruínas do antigo palácio de Ordu Balik, bem no meio do vale do Orkhon, tivemos de dar um tempo no trabalho e simplesmente aproveitar aquele cenário. Ou melhor, um patrimônio da humanidade!

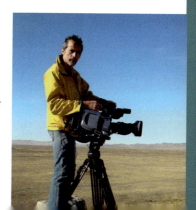

necessidades
básicas

hospedagem

Foi só uma noite no *yurt*, mas foi inesquecível... A cama era um pouco pequena e um pouco dura demais. Mas o pior mesmo foi o frio, que entrava por cima e pelas frestas no chão. Por que você acha que eu acordei com essa cara?

comida

Uma das melhores e uma das piores comidas da viagem. No primeiro caso (a foto no alto), o carneiro assado na pedra – que teve até a aprovação do Lúcio, que é gaúcho (pena que eles insistiam em devolver as sobras sempre pro mesmo prato...). O prato mais difícil de tragar foi este mexidinho de carneiro no meio da estrada...

transporte

Sim, viajamos bem apertados no nosso carro com tração nas quatro rodas – o único veículo capaz de encarar as estradas "sem estrada" da Mongólia. E ainda tínhamos de ir filmando tudo...

cinco séculos de existência. A mais recente delas ocorreu nos anos 1930, por ordem de ninguém menos que o próprio ditador russo Josef Stálin. Tudo o que sobrou foi um pequeno complexo de templos, algumas tumbas e um modesto alojamento onde vivem trinta monges budistas. Mesmo assim, Erdene Zuu pode carregar, orgulhoso, o título de "mais antigo mosteiro budista em funcionamento até hoje na Mongólia"!

Impressionante... Estamos no meio da Mongólia – muitos diriam, "no meio do nada". E, no entanto, é um lugar com tanta história. Mas o patrimônio que vamos explorar não é apenas esse complexo – ou mesmo a cidade ao lado, Kharkhorin. É toda a cultura, o modo de vida, a história e também a natureza desta região. Como vamos explorar isso amanhã?

Estão me chamando para o jantar – que será servido na casa principal deste hotel (sim, é um hotel onde você pode se hospedar num *yurt*!). Vou colocar um pouco de lenha no fogareiro interno (mencionei que essa é a calefação para combater a baixíssima temperatura lá de fora?) e torcer para minha tenda estar bem quentinha quando eu voltar...

(...)

Jantamos ali mesmo, algo improvisado por uma amiga da dona do hotel (que, oficialmente, não tem cozinheiro). Mas minha maior preocupação

Mãe e filho que nos receberam no seu yurt, antes de servir o leite de égua...

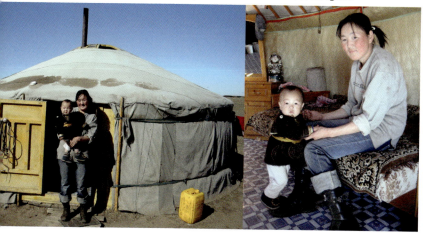

sob um céu quase indecente de tão azul, uma rotina de quem não tem endereço fixo. Na vida deste menino nômade, o melhor lugar para montar sua tenda é sempre o próximo

Acordando depois de uma noite de sono complicado num yurt

agora não é alimentar meu estômago, mas o fogareiro do meu quarto – para não congelar durante a noite. Enquanto escrevo, coloco um novo toco de lenha na fogueira a cada vinte minutos – em média. Mas e quando eu for dormir? Há pouco, uma funcionária do hotel chegou com mais um carregamento de lenha e algumas pedras de carvão – que, imagino, vão ajudar na missão quase impossível de manter o quarto aquecido esta noite. Não entendi bem o que deveria fazer com o carvão (minha última experiência com fogo, assim tão perto, foi quando eu era ainda criança, no fogão a lenha da cozinha da minha avó, em Uberaba!),

lá e acolá

▶ Perto do palácio de Ordu Balik é fácil encontrar outras ruínas da cidade que existia ali em volta. Turbat, que é antropólogo, conta que ali viveram mais de mil pessoas, antes mesmo do império mongol. Numa pedra antiga, sinais de escrita *uygur*, a cultura que dominava a região.

mas, pelo gestual da moça, acho que devo espalhar algumas lascas de carvão em torno o fogareiro, para que o calor se conserve por mais tempo. Vamos ver...

Acaba de me ocorrer que estou sem opção se quiser usar um banheiro no meio da noite...

Dia 3

Não tenho certeza, mas acho que o fogo se apagou lá pelas três da manhã. Considerando que o carvão que a moça trouxe junto com a lenha ontem à noite emite calor por um pouco mais de tempo, vou considerar que tive mais uma hora de sono tranquilo. Assim, com efeito, por volta das quatro acordei congelado. Meu *yurt*, que ontem parecia tão aconchegante, transformou-se numa câmera frigorífica – um túnel de vento gelado, que entrava por um buraco no rodapé e saía pela fenda de exaustão no topo da barraca (característica desta tenda mongol). Eu estava com dois cobertores, mas a corrente era tão forte e tão gelada que percebi que a única maneira de conservar o máximo do calor produzido pelo meu corpo era passar por um processo de mumificação para iniciantes. Intuitivamente, me envelopei nos dois finos edredons que eu tinha à mão, vedando cada contorno do meu corpo – e assim dormi feliz até agora (são sete da manhã!). Ou melhor, não tão feliz assim, já que a bexiga reclama já há vários minutos.

Ah, as coisas que a gente aprende a controlar quando lá fora a temperatura está abaixo de zero...

▶ Erdene Zuu foi o primeiro grande templo budista da Mongólia e, originalmente, deveria ter em seus muros 108 estupas (um símbolo de elevação espiritual) - 1+0+8 = 9, o número sagrado para os budistas, mas elas nunca chegaram a ser todas construídas. Apenas 102 estupas enfeitam hoje o templo.

olha o que eu trouxe de lá...

Se pudesse, teria trazido um traje típico masculino: aquela túnica acolchoada, com motivos chineses e mongóis, numa cor forte e escura, mangas largas e comprimento até os pés. Mas, para começar, não tinha espaço – seria preciso uma mala só para carregar aquilo. Depois, sabe quando eu poderia usar uma roupa tão quente assim no Brasil? Na terceira era do gelo! Em boas lojas de suvenires você consegue comprar antigas (ou melhor velhas) ilustrações de livros de oração budista – lindas, mas um pouco caras... Mas um presente típico mesmo é a miniatura de um *yurt* – a tenda onde os nômades da Mongólia moram. Das mais minúsculas, de argila, às mais elaboradas, feitas de uma malha grossa de pelos de camelo, são todas reproduções simpáticas dessa marca registrada do país. E quem já passou a noite numa delas – como eu passei! – só quer lembrar de um *yurt* assim... como um brinquedo!

Grande estupa que, do alto do vale do Orkhon, olha a cidade de Kharkhorin lá embaixo

(...)

Achei uma nota de 20 *tugrugs* no meio das ruínas do palácio de Ordu Balik, que visitamos esta manhã. Não sou nada supersticioso, mas, nesta viagem, são tantas as "tradições", os rituais e as mandingas que cruzam o nosso caminho, que começo a pensar que esse dinheiro (que vale pouco mais de 5 centavos de real) foi uma oferenda de alguém, e que é melhor não mexer nele.

Ao mesmo tempo, não acredito em nada disso – apesar de eu mesmo ter desamarrado um dos barbantes que ganhei em Luang Prabang para deixá-lo no *ovoo* (uma espécie de totem de pedra, ao qual são amarrados panos, que é um tributo aos espíritos da natureza) aqui no vale do Orkhon. Assim, o lado racional venceu: trouxe a nota de 20

Na torre do antigo palácio de Ordu Balik, celebrando a beleza da paisagem

tugrugs comigo – e estou estudando-a enquanto faço a sesta no terraço do hotel.

O céu está de um azul que chega a ser indecente, e que nos acompanhou a manhã toda durante nossa visita às ruínas de Ordu Balik. Era uma cidade grande nos séculos 8 e 9 – antes, portanto, do grande império mongol (isso: Gêngis Khan!) –, da qual não sobrou quase nada. Mas eu sentia que estava visitando muito mais do que um punhado de pedras abandonadas. Uma coisa maior, que fala com a gente, que nos conecta com um certo passado... E mais o quê?

No dia em que cheguei aqui escrevi (mais) alguns postais, e em vários deles perguntei ao amigos: quando a gente chega à Mongólia, para onde ir depois? É uma pergunta recorrente que me faço desde que fui ao Butão. Qual é o limite da minha curiosidade – e do viajante em geral? Quando é que a gente diz: "Agora está bom"? Bem, não foi no

lá e acolá

▶ Mesmo na saída, no aeroporto de Ulaan Baatar, lá está ele, o poderoso Gêngis Khan – e acompanhado de toda a sua dinastia –, em enormes murais pelos saguões de embarque, como que se despedindo de quem acabou de visitar a Mongólia...

Para andar com estilo na Mongólia é só escolher o chapéu... na dúvida, experimente os três (como você pode ver aí nas fotos)

Butão... Achei que pudesse ser em Timbuktu – não foi. E algo me diz que também não é na Mongólia. E também que não vou encontrar essa resposta tão cedo...

Vou aproveitar mais alguns minutos de sol para digerir não só a quarta refeição de carneiro seguida, como também os dois goles – que foi tudo que eu consegui ingerir – de uma bebida fermentada à base de leite de égua. Leite de égua mesmo – algo que a gente nem considera que seja possível tomar, mas que, claro, é o que garante a sobrevivência e a saúde de milhões de potrinhos por todo o mundo. Os humanos, claro, preferem o leite de outros mamíferos – mas, quando a gente para e pensa, não é tudo relativo? Não é tudo uma questão cultural?

Relativismos à parte, a tal bebida tinha um gosto muito forte e estranho – e não era boa. Mas não pude recusar, pois me foi oferecida com a maior boa vontade por uma mulher nômade que saiu do seu *yurt* quando nos viu por perto, e ainda trouxe o filho pequeno para fazermos imagens emocionantes. Usando Turbat como intérprete, a mulher insistiu para que eu provasse o leite – e não fui capaz de recusar. Agora ela faz parte das contas que meu estômago vai querer acertar comigo, assim que resolver se manifestar...

(...)

Mais carneiro no jantar – carneiro para valer.

Terminamos o dia em mais um *yurt*, dessa vez numa cerimônia especial: uma família que encontramos hoje de manhã a caminho de Ordu Balik –

lá e acolá

▶ O segredo do "carneiro à moda mongol" é assá-lo na pedra. Mas não sobre a pedra – com a pedra. Numa grande panela, ficam os pedaços de carne e, aos poucos, eles vão colocando pedras bem quentes que ficaram horas no fogareiro. São elas que assam a carne com um gostinho especial...

e que tinha acabado de matar um carneiro – ofereceu-se (acho que um pouco por insistência do Turbat) para nos preparar um prato típico da Mongólia, feito segundo uma tradição muito antiga...

Quando chegamos para o jantar, eles ainda estavam cortando o bicho para prepará-lo. "Cortando" é, claro, um eufemismo, pois o homem da casa na verdade trucidava o animal para cozinhá-lo em nacos comestíveis. Enquanto ele fazia isso (e meu apetite ia diminuindo), a mulher aquecia pedras no fogareiro. Era uma mulher linda, que deveria ter por volta dos 30 anos – um raro caso por aqui de alguém que conseguiu estender sua beleza para além da adolescência, uma vez que, por causa provavelmente da vida dura e das condições climáticas, toda a jovialidade dos rostos parece sumir antes dos 20.

As pedras eram o segredo do prato: a carne seria cozida num caldeirão com um pouco de óleo e camadas de pedras quentes – tão quentes que saíam vermelhas do fogareiro. Não falei que a técnica era original? O marido jogava as pedras, e ela ia colocando a carne em cima, até encher o caldeirão. Meia horinha depois, estava pronto o melhor carneiro assado que lembro de ter comido há tempos. O Lúcio, que é gaúcho, assinou embaixo.

A família que nos ofereceu o jantar é nômade, como era de esperar. Apesar de terem um belo rebanho de vacas e de cavalos – e alguns carneiros –, eles não são ricos. Ou melhor, parecem pobres. A impressão geral, quando chegamos lá para o jantar, me deixou bastante incomodado – em especial porque me vi diante da possibilidade de fazer o tipo de reportagem que mais desprezo: aquela que "glamuriza" a pobreza, transforma a miséria em "exótico" (repetindo, palavra que detesto), e a necessidade de alguns povos em algo "divertido".

Assim, parei cinco minutos antes de entrar no *yurt* dessa família. E, mesmo lá dentro, só quando conversei com a mãe foi que me convenci

Artesanato mongol

de que não estava explorando ninguém, nem a miséria de ninguém. Num discurso lúcido e coerente, ela afirmou o quanto gostava dessa vida de nômade – apesar de já ter passado pela cidade, quando era adolescente, por conta dos estudos. A vida lá, segundo ela, tem outros valores – que ela resumiu na seguinte crítica: "Todo mundo lá só pensa em dinheiro". Andando pelos vales e montanhas da Mongólia, como seus antepassados faziam havia mais de dois mil anos, ela se sente mais feliz e em paz.

Com seu rosto maravilhoso (que imediatamente me fez saltar de referencial e imaginar o sucesso que sua beleza faria se ela tivesse nascido em outro lugar, em outra cultura), ela convenceu a todos nós de que essa era a melhor vida que poderia ter. Nômade, sem endereço fixo, mudando de lugar, montando e desmontando sua tenda à medida que seus rebanhos procuravam pastos. E feliz.

Dia 4

Fazia um frio de rachar de manhã, especialmente em cima do vale do Orkhon. Ali no alto, um grande *ovoo* e uma grande estupa nos lembravam que aquele é um lugar de reverência. Porém, com todo o respeito, tudo o que eu queria era ir embora logo, pois, apesar do sol firme brilhando naquele céu de um azul revoltante, já estava perdendo os movimentos das mãos e dos lábios por causa do vento cortante (-15ºC de sensação térmica, arriscou o Lúcio).

lá e acolá

▶ O curral é a extensão da casa das famílias nômades que encontramos no vale do Orkhon, na Mongólia. É também o lugar preferido de brincar das crianças, enquanto não estão na escola. Este menino, por exemplo, passa o dia ajudando a avó a ordenhar os animais (se bem que ele mais brinca do que ajuda...)

(...)

No caminho de volta, as tentativas de karaokê do nosso condutor – ele demora, mas sempre aparece, o "motorista cantor"! – se alternavam com rápidas conversas entre ele e Turbat. Falavam baixo, mas Turbat, que estava a meu lado no banco de trás, soltava as palavras com clareza – isto é, se você entendesse a língua mongol. Apesar de bela – sinceramente, gostei da sonoridade da língua mongol –, a primeira impressão é de que ela é formada apenas pelas letras "t" e "l" (sempre juntas, nessa ordem), pelo som das letras "sc" juntas (como na palavra "isca"), pela a vogal "u" – a única identificável – e a consoante "x", que por aqui tem um som que mistura "ch" com "rr". Deu para imaginar? É belíssimo, acredite. Só é meio difícil imaginar que sai alguma comunicação desses sons.

Encantado com os diálogos, fiquei tentando imaginar como soa o português para quem não entende nada do que falamos. O clichê que a gente sempre ouve é que nossa língua é bastante musical. Mas será? Ainda pensava nisso quando chegamos ao restaurante (de onde escrevo), uma casa no meio de lugar nenhum, mas que tem uma almôndega achatada de carneiro que é sensacional (ou será que estou com fome?).

(...)

A volta a Ulaan Baatar foi mais rápida, já que mal paramos – a não ser para comer. Só demoramos um pouco mais na entrada da cidade – aliás, que entrada... Nunca mais reclamo da chegada pela marginal Tietê, em

▶ O estilo de vida nômade da Mongólia vem da necessidade de procurar pastos para os rebanhos – seja de cabras, de vacas, de cavalos, camelos, ou até de búfalos! Assim, uma das visões mais comuns do vale do Orkhon é a figura do pastor atravessando longas planícies seguido por grandes grupos de animais.

São Paulo... O "subúrbio" de Ulaan Baatar parece uma zona industrial abandonada. Crianças e adolescentes vendem sacos de carvão à beira da rua (não existe calçada), e prédios em vários estágios de construção (ou desconstrução) vão nos acompanhando. Alguns prédios mais largos trazem letreiros de *kapaoke* (lembrando que, no alfabeto cirílico, o "r" tem som de "p"), e um deles não esconde sua vocação: anuncia bem grande seu nome – "Golden Cabaret"!

(...)

Hip-hop na MTV Mongólia. Surpreso? Fico um pouco surpreso, sim, de ver uma MTV na Mongólia (sou do tempo em que nenhum país da Europa, fora o Reino Unido, tinha a sua MTV – mas são tempos pré-cambrianos), mas não de ouvir *hip-hop* cantado em bom mongol por um grupo local. Entre um clipe e outro do *rapper*, o *making of* do sucesso recente – tudo certinho, como deve ser uma programação de MTV em qualquer lugar do mundo. E por que não? Num mundo globalizado como o de hoje? Antes de achar graça de um bando de mongóis cantando *hip-hop*, pense numa boa banda de *rap* brasileiro de que você goste. Pode, não pode? Então aqui também pode.

Acabo de jantar aqui no hotel mesmo, em Ulaan Baatar, onde parece que o sábado à noite acontece. No bar-restaurante, meninas produzidas, rapazes com pinta de descolados, alguns caras mais velhos com cara de cafetão e um inevitável punhado de gringos (é um hotel, lembre-se). Nada muito diferente de tantos sábados à noite que já presenciei. Mais uma vez, penso que o mundo é muito parecido – e que não acho isso nem um pouco ruim. Quanto mais a gente se acostumar

lá e acolá

▶ Conseguimos acompanhar a montagem de uma tenda típica mongol (o *yurt*) e ficamos impressionados com a rapidez de todo o processo. Em menos de duas horas ela estava pronta, com lona e tudo. Detalhe curioso: os móveis maiores já ficam dentro da casa antes de ela ser montada.

com isso, melhor. Aqueles que se acham tão especiais por dominarem a noite da sua cidade, como se fosse único lugar legal do mundo, precisam conhecer Ulaan Baatar... É tudo a mesma coisa – é tudo legal.

Insisto um pouco nessa tecla porque, ainda mais depois desta volta ao mundo, estou cada vez mais cansado do que costumo chamar de esnobismo cultural. Sabe aquela gente que tem aquela atitude do tipo "não existe cultura como a minha"? Ah, mas existe, sim – nem melhor, nem pior, mas diferente. Aliás, já que entramos no assunto, que negócio de "minha" cultura é esse? O mundo, felizmente, sempre foi mais poroso do que os limites territoriais que temos hoje – a maioria, rabiscos políticos traçados ao longo do século passado, que ainda estão sendo corrigidos. Assim, não me venha falar de fronteiras quando – como descubro mais e mais quando viajo – o ser humano vive da troca. E se existe alguma cultura que valha mesmo a pena defender, é a humana.

O homem sempre viajou, sempre encontrou o diferente, sempre trocou – e vamos continuar fazendo isso. A esta altura, minha anfitriã de ontem deve estar fazendo sua última ordenha do dia – já que ela me contou que costuma dormir à meia-noite – e as meninas lá embaixo estão retocando a maquiagem para ir para o próximo *pub*. Na MTV daqui já está passando um clipe de uma menina que nunca vi (mongol) e que parece uma mistura da Pitty com a Amy Winehouse. Há pouco um carro derrapou e bateu bem aqui na esquina do hotel. Devia estar indo para uma festa – quem sabe a mesma para onde ia um grupo de adolescentes bem arrumados – de gravata e *jeans* – que vi passar na rua no começo da noite, no último passeio que quis dar pela cidade. É sábado à noite em Ulaan Baatar – e nunca tive tanta certeza de que este dia e esta hora são um estado de espírito.

Depois de um cenário como este, os vastos horizontes do **vale do Orkhon**, na Mongólia, seria difícil nos surpreendermos com uma paisagem. Nosso próximo destino, porém, traria não só uma natureza fantástica – de uma maneira radicalmente diferente da que estávamos deixando –, mas também a história de uma cultura, ainda que aparentemente conhecida, nos traria ótimas surpresas...

amuletos

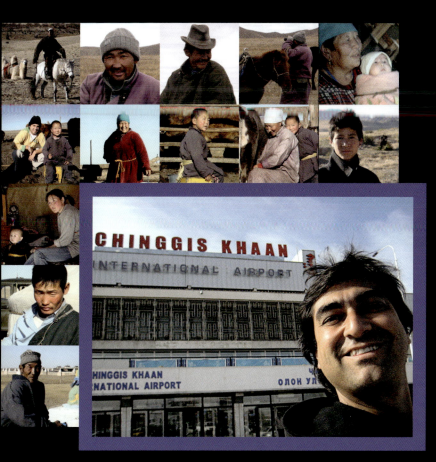

da mongólia
para...

oitava parada

SGANG GWAII, CANADÁ

Patrimônio desde: 1981
Latitude: N 52º 05'42"
Longitude: W 131º 13'13"
Critérios: registro excepcional de uma tradição cultural extinta

sgang gwaii

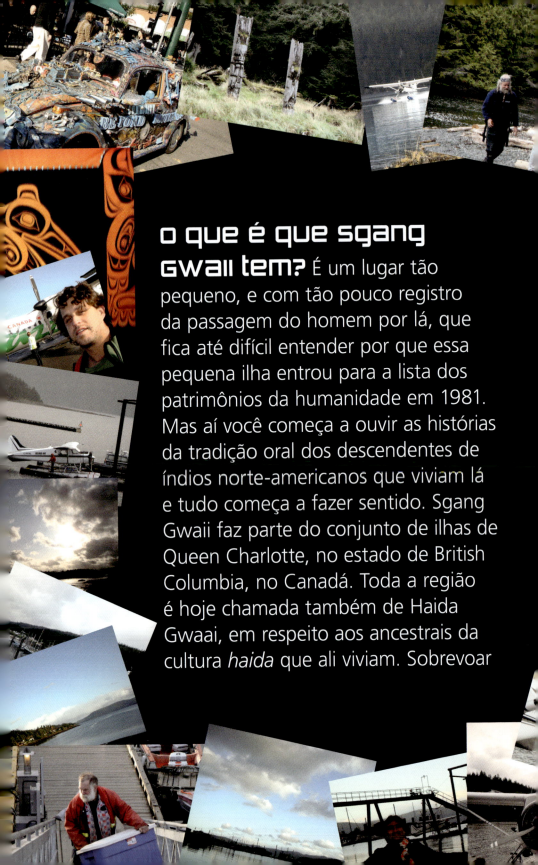

o que é que sgang gwaii tem?

É um lugar tão pequeno, e com tão pouco registro da passagem do homem por lá, que fica até difícil entender por que essa pequena ilha entrou para a lista dos patrimônios da humanidade em 1981. Mas aí você começa a ouvir as histórias da tradição oral dos descendentes de índios norte-americanos que viviam lá e tudo começa a fazer sentido. Sgang Gwaii faz parte do conjunto de ilhas de Queen Charlotte, no estado de British Columbia, no Canadá. Toda a região é hoje chamada também de Haida Gwaai, em respeito aos ancestrais da cultura *haida* que ali viviam. Sobrevoar

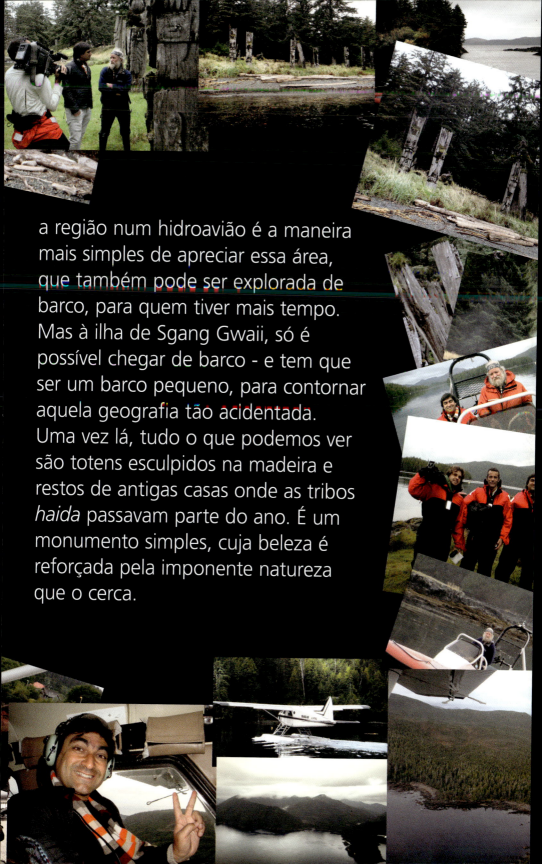

a região num hidroavião é a maneira mais simples de apreciar essa área, que também pode ser explorada de barco, para quem tiver mais tempo. Mas à ilha de Sgang Gwaii, só é possível chegar de barco - e tem que ser um barco pequeno, para contornar aquela geografia tão acidentada. Uma vez lá, tudo o que podemos ver são totens esculpidos na madeira e restos de antigas casas onde as tribos *haida* passavam parte do ano. É um monumento simples, cuja beleza é reforçada pela imponente natureza que o cerca.

que nome é esse?

vem da herança haida e evoca um passado fascinante

MINHA GERAÇÃO ACOSTUMOU-SE a perceber os povos nativos da América do Norte pelas caricaturas de Hollywood que assistíamos nas tardes ociosas diante da TV. Mesmo descontando a ridícula dublagem desses filmes, a imagem do índio (norte) americano sempre foi, no mínimo, cômica.

Hoje, aos 45 anos, e com a expectativa de conhecer uma cultura original desse continente – a próxima parada é Haida Bay, no estado canadense de British Columbia –, penso nessa imagem não como uma coisa engraçada, mas lamentável. O patrimônio que vamos conhecer não é nem menos nem mais importante que todos os que já visitamos. E é com o mesmo respeito que vamos atrás de antigos totens indígenas numa remota ilha na costa oeste do Canadá.

Antes de chegar lá, porém, passamos pela curiosa experiência de viver o mesmo dia duas vezes...

Vista estupenda da baía em Queen Charlotte, British Columbia (Canadá)

Dia 1

Seria o sonho de qualquer criança: ter dois dias 12 de outubro – o dia da criança! O dobro de presentes, o dobro das vontades realizadas, o dobro de tempo para jogar videogames, o dobro de possibilidades de outras

Com chapéu mongol, no aeroporto de Pequim, indo para o Canadá – as coisas estavam mesmo confusas...

brincadeiras – sem falar no dobro de tempo para atormentar os irmãos mais novos...

No meu caso, porém, cruzando o oceano Pacífico dentro de um avião, depois de ter acordado cedo para partir de Ulaan Baatar, na Mongólia, e com a perspectiva de mais algumas horas de voo, mesmo depois de termos cruzado a linha internacional do tempo – a responsável pelo nosso dia "dobrado" –, tudo que eu queria era só um dia 12 de outubro. Ou talvez só metade dele...

lá e acolá

▶ Vancouver, nosso porto de chegada no Canadá, é uma cidade bonita e moderna, a não ser pelo charmoso bairro antigo, conhecido como Gastown. Lá, a arquitetura do final do século XIX foi estritamente preservada. Suas ruas bem arborizadas estão cheias de lojinhas e restaurantes visitados por turistas.

Felizmente, fizemos uma conexão "longa" no aeroporto de Pequim – não aqueles meros quarenta minutos da última vez, mas plenas três horas! Isso pode parecer uma ironia para alguém que viaja tanto, mas nunca estive na China "continental". É claro que essas horinhas no aeroporto não contam como uma visita, mas pelo menos me deram mais vontade de planejar essa viagem um dia. Entre tantas tentações nas lojas do aeroporto, enlouqueci numa só de chás – e comprei tantos que nem me preocupei onde levá-los (para meu grande arrependimento posterior).

Depois dessa parada, porém, era seguir direto para o Canadá e começar de novo o dia que eu havia acabado de viver. Na outra volta ao mundo, viajamos no sentido oeste. Assim, quando cruzamos a linha do tempo – uma convenção arbitrária criada pelo homem para marcar a divisão entre o primeiro e o último fuso horário –, "perdi" um dia. Saí do Havaí numa tarde, viajei menos de 12 horas e cheguei à Nova Zelândia dois dias depois. É complicado entender isso, mas, para simplificar, basta lembrar que viajávamos no sentido contrário ao de rotação da Terra: Honolulu ainda teria várias horas de sol e uma noite inteira para chegar ao dia seguinte, enquanto nosso avião, pegando um "atalho" do tempo, cortou vários fusos horários e chegou antes ao dia seguinte.

O processo agora era o inverso: saímos de Pequim antes do meio-dia, viajamos cerca de 12 horas e, como íamos na direção leste, cruzamos a linha do tempo à frente – ou seja, pegamos o mesmo dia que ainda começava em outro ponto. Se você ainda acha que está difícil de entender, tente explicar isso para o seu metabolismo...

▶ Foi esta nossa pequena extravagância (merecida) ao chegarmos a Vancouver depois de um longuíssimo voo: lembrar como é bom um pouco de conforto, só para variar. A limusine custava só R$ 20,00 a mais que um táxi comum – sem o champanhe, claro... (reparou nos copos vazios?)

Aproveitando o Primeiro Mundo, num píer em Vancouver

(...)

Chegamos cedo a Vancouver – nossa escala no Canadá antes de seguir para o próximo patrimônio da humanidade –, e com o dia praticamente livre (e já instalados num hotel), as opções eram descansar (já que o corpo, acreditando que era o meio da madrugada, assim o pedia) ou ignorar o cansaço, tentar tapear o metabolismo e sair pela cidade, que eu ainda não conhecia.

lá e acolá

▶ Queen Charlotte não poderia ser mais pacata. As casas são grandes, espalhadas pela belíssima costa. Ah, e de preferência com varandas largas, como a da pousada em que nos hospedamos. As janelas do quarto eram enormes, para aproveitar a vista da baía. Ninguém tinha coragem de fechar a cortina...

Vista da travessia de balsa de Sandspit a Queen Charlotte

Escolhemos a segunda opção, talvez inspirados pela nossa pequena extravagância logo na chegada. Na saída do aeroporto de Vancouver (depois de sermos recebidos com extrema cortesia e eficiência pelas autoridades de imigração do Canadá, que nos concederam um visto de trabalho para a nossa curta estadia), alguém nos ofereceu um serviço de limusine para o traslado até o hotel. Quanto mais que um táxi? Meros 20 reais! Não resistimos à tentação. Que outras nos aguardavam pelas ruas da cidade? É o que eu queria descobrir.

5 lugares com nomes curiosos

- Sgang Gwaii (pronúncia: "sgân-guái"), Canadá
- Isherisheher (pronúncia: "ichêricherrér"), Baku, Azerbaijão
- Borobodur (última sílaba tônica), Indonésia
- Erdene Zuu (pronúncia: "erdnê-tzú"), Kharkhorim, Mongólia
- Songo M'nara (pronúncia: "sôngo-mínará"), Tanzânia

em um cenário aparentemente intocável, traços de uma cultura que sobreviveu de uma tradição oral: histórias que passam de geração em geração e que se recusam a ser esquecidas

a história de Alfie também é sua

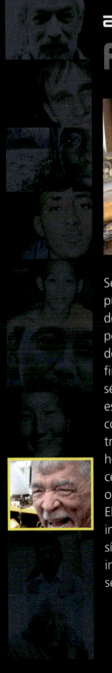

Seu pai, um grande chefe *haida*, fazia parte do primeiro grupo de ativistas que tiveram a iniciativa de proteger o patrimônio *haida*. Por séculos ignorada pelos colonizadores, a cultura nativa desta parte do mundo – em British Columbia, Canadá – só foi finalmente reconhecida na segunda metade do século XX. Alvin Collinson lembra que, quando ainda estava na escola, era proibido até mesmo de se comunicar na sua língua ancestral. Nem por isso as tradições e histórias do seu povo foram esquecidas, e hoje estão preservadas em Sgang Gwaii e em vários centros de cultura *haida* espalhados por toda a baía onde fica Queen Charlotte, a cidade onde Alvin mora. Ele expressa esse rico passado na sua arte, elaborando intrincadas esculturas (principalmente em pedra) com símbolos, animais e outros motivos que fazem parte do imaginário de seus antepassados. E com a esperança sempre renovada de que sua tradição sobreviva.

(...)

Já que era o dia da criança (pelo menos no Brasil), resolvi me presentear com um belo almoço, algumas comprinhas e até uma certa liberdade: a de tomar uma cerveja num *pub* com mesas na calçada da principal rua do comércio de Vancouver. Boa parte da cidade (inclusive a área do nosso hotel) não me pareceu muito diferente de uma típica cidade americana. A parte da ilha, porém, é bem mais interessante: não só a parte mais antiga (Gastown), mas também os prédios de arquitetura moderna, todos de vidro, para que se possa aproveitar ao máximo a vista sensacional do rio e do parque.

Gostei do clima – a ponto de voltar para lá à noite, já quase perdendo a batalha do sono, para comer, com Lúcio e Ian, um belo bife (de vaca, algo que não saboreávamos havia semanas!) num restaurante em Gastown. De volta ao hotel, eu nem sabia mais se meu corpo pedia para dormir ou queria ficar mais um tempo acordado. Só sabia que tinha que partir logo cedo para Sandspit. E depois para Queen Charlotte. E depois...

Fim de tarde no píer onde estava ancorado o hidroavião que decolaria conosco no dia seguinte (no detalhe)

Dia 2

Chovia quando saímos de Vancouver e continuava chovendo quando chegamos a Sandspit. Depois do mau tempo que pegamos em Baku, no Azerbaijão, só tínhamos tido dias de sol (no máximo algumas nuvens rápidas). Será que nossa sorte ia mudar de novo? Enquanto esperávamos a balsa para ir a Queen Charlotte, com o olhar fixo no horizonte, torcíamos para o sol aparecer.

Esta casa decorada com quinquilharias ajuda a quebrar a paisagem de Queen Charlotte

E que horizonte! Estamos numa parte do mundo em que a natureza foi realmente generosa. As águas aqui são de um azul escuro. Montanhas dramáticas se espalham por vários trechos da costa. E a vegetação – árvores altas, num contraste radical com o que acabamos de ver na Mongólia – é, com o perdão do clichê, exuberante. Quando, já na balsa, uma réstia de sol começou a sair entre as nuvens, um sorriso surgiu espontaneamente no rosto de toda a equipe. Bom sinal.

(...)

Nossa hospedagem aqui em Queen Charlotte é adorável. A casa é de madeira, com não mais que uma dúzia de quartos espaçosos. É

lá e acolá

▶ Todo mundo achou estranho quando Gotz falou que a gente teria de usar este traje impermeável para chegar até Sgang Gwaii. Era terrível e pouco confortável. Mas quando o barco saiu e o vento começou a bater, logo vimos que toda aquela proteção contra o frio não era exagero.

administrada por um casal de sexagenários (eu arriscaria até dizer: septuagenários), Leonor e Peter, que fazem de tudo para você se sentir em casa. As imensas janelas dos quartos dão para igualmente imensas varandas com vista para a baía – onde vemos uma marina e um píer, onde está ancorado o hidroavião que vai nos levar a mais uma escala – Rose Harbour – antes do nosso patrimônio da humanidade.

Um rápido passeio pela cidade – uma tripa de casas simples mas confortáveis ao longo da estrada que acompanha a costa – revelou endereços curiosos, como uma loja lotada de badulaques (que parecia saída de um livro infantil) e um dos poucos restaurantes que ficam abertos até mais tarde – e mais tarde por aqui significa nove da noite. Sim, esta é uma cidade pequena (pouco mais de mil habitantes), mas ninguém reclama dessa rotina pacata... Pelo contrário. Pensando nas últimas 48 horas, é exatamente disso que estamos precisando.

Hoje tive a sensação de que o dia foi mais curto. O corpo ainda não entendeu que é hora de dormir, mas a cama é tão confortável e o jantar (um bacalhau à milanesa com batatas fritas, mais conhecido como *"fish n'chips"*) foi tão delicioso, que já posso prever que não vou ficar muito tempo admirando a noite na baía por essa incrível janela panorâmica.

Dia 3

Estou tentando entender este lugar aonde chegamos, pouco antes das onze da manhã. Gotz, o dono desta "casa de hóspedes" (tradução literal para *"guest house"*, como ele mesmo chama sua propriedade), foi nos

▶ Ninguém mora em Sgang Gwaii hoje, e não é permitido nem passar a noite por lá. Uma lanchonete então... nem pensar! Assim, tivemos que levar nossa comida – tudo orgânico, simples e gostoso. E, respeitando o meio ambiente, nada ficou para trás – nem da comida nem do lixo, claro!

Primeira visão de Rose Harbour, onde pousou nosso hidroavião (no detalhe)

receber, no seu bote motorizado, à porta do hidroavião – que havia feito o pouso mais macio do meu vasto currículo de aterrissagens. Apesar de ser uma paisagem totalmente diferente, lembrei-me da sensação de quando cheguei pela primeira vez às relíquias de Angkor, em Siam Reap, no Camboja: era como se o olhar estivesse descontrolado! De nenhum ângulo era possível apreender toda aquela imensidão – e os olhos ficavam inutilmente procurando repouso. Porém, ao contrário de Angkor,

lá e acolá

▶ Esse vegetal estranhíssimo está em toda parte, nas águas entre Rose Harbour – e, segundo Gotz, é comestível. Aliás, a julgar pelo livro que achamos na sua estante (sobre coisas "estranhas" da região que são comestíveis), quase tudo por ali dá um bom caldo – mesmo!

onde as ruínas dos templos se misturavam ao verde das árvores, aqui em Rose Harbour – na ponta ao sul de Haida Gwaii –, o único apelo era a natureza. Mas que apelo!

Acordei sozinho ainda mais cedo hoje que ontem – às quatro da manhã – e fiquei meio bravo comigo mesmo: era óbvio que ficaria cansado o resto do dia (ainda mais considerando o fuso horário, que era de 13 horas para trás). Foi inútil tentar dormir novamente, ainda mais depois das seis, quando os adoráveis donos da pousada se levantaram para oferecer um café-da-manhã com a delicadeza de quem prepara os filhos para um dia de trabalho – tudo na cozinha da casa, num clima de conforto ao qual não estávamos acostumados nesta viagem.

Saímos às 7h30 para o "curso" que fomos obrigados a fazer antes de visitar nosso patrimônio da humanidade – uma espécie de "conscientização" sobre a preservação da área, apresentada por uma funcionária do Parks Canada (entidade responsável pela preservação da região). Digamos que não foi uma maneira muito animada de começar o dia... De lá, corremos para o hidroavião. Um piloto mal-humorado nos embarcou rispidamente numa cabine barulhenta e apertada – ainda mais agora que tínhamos um passageiro a mais: Susan, nossa "cozinheira". E foi esse sufoco por quase uma hora de viagem!

Mas, quando chegamos a Rose Harbour, toda promessa de cansaço simplesmente desapareceu. O lugar era lindo demais para provocar qualquer outra sensação que não o deslumbramento. A princípio mal reparei na estranha figura de nosso anfitrião, com sua curiosa barba branca de onde pendiam contas coloridas. E, querendo aproveitar aquele

5 transportes diferentes que usamos

- Hidroavião, Haida Bay, British Columbia, Canadá
- Bote motorizado do Gotz, Rose Harbour, Canadá
- *Kat-kat*, no Mali (nem tão diferente assim se você lembrar que se trata de um 4 x 4... mas com esse nome?)
- *Tuk-tuk*, em Luang Prabang, Laos
- *Dhawn*, antigo barco a vela, Kilwa Kisiwani, Tanzânia

momento de comunhão com a natureza, confesso que ensaiei uma preguiça ao ouvir a equipe chamando para irmos direto a Sgang Gwaii, a uma hora de barco dali. Mas o tempo ameaçava fechar, e mais um patrimônio da humanidade nos esperava. Era melhor ir em frente.

(...)

A cena tinha um quê de *Apocalipse now* – ou de *Coração das trevas*, se você preferir a obra original. Nosso barco foi se aproximando lentamente de uma pequena costa coberta de seixos escuros, onde a única coisa que era possível identificar, além de árvores gigantescas, eram os totens dos ancestrais que ali um dia viveram. O ruído dos motores do bote, apesar de presente, quase desaparecia diante da solenidade da imagem. Estávamos chegando a Sgang Gwaii.

Comparado com os outros patrimônios da humanidade que visitamos, este é ridiculamente pequeno. Apesar de toda a ilha ter sido incluída na classificação – pela importância do ecossistema local –, a área dos "monumentos" é pequena. Muito pequena: não mais que vinte totens (do final do século XIX, aparentemente), distribuídos no que um dia foi uma vila *haida* (o povo nativo que vive até hoje na região).

Assim que vi os totens de perto, fui consultar minhas referências para ter certeza de que não se tratava de um patrimônio ameaçado. Não era – pelo menos não na

Vista do alto da ilha de Sgang Gwaii, onde o Lúcio fazia imagens

necessidades
básicas

hospedagem

Provavelmente um dos lugares mais confortáveis de toda a nossa viagem, a pousada em Queen Charlotte era de um simpático casal que fazia de tudo para você se sentir em casa. Voltar tarde e encontrar Leonor na recepção era reconfortante. Deitar naquela cama enorme então...

comida

Susan pegou carona no nosso hidroavião para Rose Harbour como "a cozinheira". Mas mostrou ser bem mais que isso na nossa estadia por lá. Foi uma ótima amiga, além de uma espécie de guru alimentar nas poucas refeições que fizemos por lá. Está certo que os peixes frescos daquelas águas limpíssimas ajudam (sem falar no caranguejo!). Mas Susan ainda acrescentava a tudo seu tempero especial.

transporte

Para quem nunca tinha andado de hidroavião, o voo de cerca de uma hora foi uma boa aventura. Já no mar – que nem sempre estava calmo – foi o bote a motor de Gotz que ofereceu as maiores emoções...

De perto, os totens antigos são ainda mais assustadores...

Num passeio pelo interior de Sgang Gwaii, uma paisagem diferente

lista oficial da UNESCO. Mas é óbvio que os totens não vão ficar ali por muito tempo. Feitos de madeira, e expostos ao ar livre, eles já estão consideravelmente deteriorados – e no topo de alguns deles (onde geralmente os ossos das pessoas enterradas ali eram guardados) crescem plantas que inevitavelmente vão arruinar todo o tronco. Mesmo nesse estado, porém, o lugar demanda respeito. O que seriam aquelas imagens esculpidas em enormes troncos – águias, sapos, ursos, castores e outros símbolos? Indefiníveis para um visitante comum.

lá e acolá

▶ Alfie, o escultor que foi nosso personagem em Queen Charlotte, aprendeu sua arte com seu pai – que foi um grande chefe (leia-se, "cacique") *haida*. Em seu ateliê, ele reproduz, geralmente em pedra, totens e outros símbolos de sua cultura em peças que chegam a custar milhares de dólares.

Chegada a Sgang Gwaii, num silêncio impressionante

Nosso tempo na ilha foi curto – a meteorologia nos ameaçava a cada instante. Assim, depois de pagar tributo aos "antepassados" (e fazer boas imagens), fomos explorar o resto da ilha, que é uma rica floresta, como nos conta Gotz. Ele tem um respeito enorme pela cultura e herança *haida*, mas acredita que são poucos os descendentes dos povos que viveram ali interessados em preservação. Lamenta – como eu – o estado em que se encontra Sgang Gwaii, mas não sabe como ajudar.

▶ Duas marcas registradas da cozinha de Susan: uma pintura no chão, que hóspedes que já passaram por Rose Harbour pediram para fazer, e os pratos limpos depois de uma refeição deliciosa – com ingredientes pescados no dia ou colhidos pouco antes da sua horta!

Gotz – que é músico, nascido na Alemanha – mudou-se para Rose Harbour em 1982 para fugir das obrigações da sociedade de seu país. Por que este lugar? Porque fica quase na mesma latitude da cidade onde morava na Alemanha. Nunca se arrependeu da mudança – mas que gosta de reclamar de tudo que vê em sua volta, isso gosta. E de contar histórias – típico de alguém que passa boa parte da existência sozinho e, quando encontra alguém com quem trocar ideias e impressões, mal consegue se controlar.

Depois de um passeio pela floresta sem encontrar vivalma, voltamos ao barco, e Gotz sugeriu que contornássemos a ilha para ver se encontrávamos focas ou leões-marinhos. Aceitamos – só que o que ele não contou era que o mar naquelas bandas é bem mais agitado e perigoso. Foram momentos tensos: várias vezes, enquanto Gotz se divertia com as ondas quebrando, nós nos olhávamos, tentando disfarçar uma certa ansiedade de afundar com todo aquele equipamento.

A calmaria só veio quando chegamos às pedras onde estavam as focas. Eram poucas – pois a grande temporada de acasalamento e nascimento já havia passado – e desconfiadas. Raras eram as que colocavam a cabeça fora d'água, mostrando apenas os bigodes pesados e molhados. Ficamos uma boa hora por lá, esperando inutilmente uma boa imagem. O tempo estava fechando, e achamos melhor voltar de vez.

Na chegada, enquanto Susan preparava o jantar, fui até a casa onde ficava nosso quarto, acendi o fogareiro, sentei-me no sofá e dormi. Pesado – pesado mesmo! Acordei sozinho, já com a paisagem quase totalmente escurecida. Ainda arrasado fisicamente, levei uns vinte minutos para cruzar a ridícula distância de menos de 100 metros até a cozinha – que também era a sala de jantar.

(...)

Foi uma refeição farta e generosa, preparada por essa pessoa tão surpreendente que é a Susan. Desde o primeiro momento, quando ela entrou no hidroavião, fiquei tentando decifrá-la. Ela me lembrou Patti Smith – só que um pouco mais maltratada pelo tempo. Mas muito doce – especialmente no tom de voz, cujo sotaque não conseguia identificar (durante o jantar, numa conversa que parecia fluir como se fôssemos

em queen charlotte, todo ano acontece o festival do cogumelo, já que quase todas as inúmeras variedades nativas da região (inclusive esta, segundo Gotz) são comestíveis

amigos de longa data, descubro que ela é de Nova York, mas mudou-se para o Canadá nos anos 80). Sua comida era divina: primeiro os caranguejos gigantes (dois!) – Gotz os havia pescado naquele dia; a salada era simples e rica – com verduras e legumes recém-colhidos da horta que ela tem no quintal da sua casa. O pão, também feito por ela, ia bem com tudo, inclusive com o peixe (pedra!), que também era fresquinho.

Tomamos um pouco de vinho, a conversa ficou mais solta, mas nem por isso entendi melhor a relação entre Susan e Gotz. Ela passa boa parte do ano em Rose Harbour, mas não são um casal. Talvez já tenham sido. Antes de chegar a alguma conclusão, porém, eu já estava "engatinhando" para o quarto – quem sabe doze horas de sono?

Dia 3

Dormi por onze horas! Aliás, não fui só eu que dormi tanto: toda a equipe foi acordada com um vigoroso *"Good morning"* do Gotz, lembrando-nos de que estávamos dez minutos atrasados para o café da manhã, que, como tínhamos combinado, seria às 8h30!

Depois dessa maratona morfética, o natural seria eu acordar disposto e ágil... Que nada! Estava exausto. Ainda acordando, sentei-me à mesa do café, que Susan já tinha preparado com mais um pão artesanal inacreditável e um omelete com ervas da sua horta. Assim como no jantar da noite anterior, sua figura era enigmática e hipnótica. Seu rosto marcado e seu cabelo longo e descuidado a envelheciam mais do que seus pouco mais de 50 anos – vagamente declarados.

lá e acolá

▶ Só para registro, este é o casal – nem soubemos, afinal, se era mesmo um casal – que nos recebeu tão bem em Rose Harbour: Gotz é um alemão que mora lá há 26 anos, e Susan é uma americana (nova-iorquina) que gravita há mais de duas décadas por esse patrimônio da humanidade.

Mas parece que eu teria de ir embora sem decifrar seu enigma: já ouvíamos o barulho do hidroavião se aproximando. Senti um certo arrependimento, pois a manhã estava ficando provocadoramente ensolarada. Seria o caso de voltar a Sgang Gwaii? A princípio, ficaríamos duas noites aqui, mas antecipamos o retorno justamente porque as previsões meteorológicas indicavam que não haveria condições para o hidroavião nos levar de volta a Queen Charlotte.

Era melhor levar apenas a lembrança daquela manhã tão clara, que transformava as águas calmas num espelho impecavelmente fiel. Para não desperdiçar o momento, fizemos algumas imagens e uma rápida entrevista com o Gotz ali mesmo, usando Rose Harbour como cenário.

Susan contou que, bem cedo de manhã, vira um *"moon bow"*, um arco-íris (em inglês, *"rainbow"*) que aparece em torno da lua de vez em quando – novidade para mim. Fui procurá-lo – sem sucesso – e ainda dei uma caminhada pelas margens da baía, surpreso com minha capacidade de me encantar com tudo aquilo...

(...)

O piloto que veio nos buscar não era aquele mal-humorado da vinda, e topou fazer um caminho glorioso na volta. Sobrevoamos Sgang Gwaii – e, como que para agradecer essa gentileza, o sol saiu de trás das nuvens. Depois, seguimos pela costa oeste de Haida Gwaii – a costa "brava", onde rochedos e ondas se chocam constantemente. As nuvens já apareciam quando sobrevoamos as florestas – onde descobri, inesperadamente, pequenos lagos que refletiam fragmentos do céu.

▶ Queen Charlotte tem um museu dedicado à arte e à cultura *haida*, com reproduções modernas de totens antigos – nos quais animais e outros símbolos são representados conforme a tradição das tribos. Lá também existe uma oficina para a construção de totens e canoas.

(...)

De volta a Queen Charlotte, acomodado num dos confortáveis aposentos de Leonor e Peter, resolvi sair para dar uma volta para ver o sol se pôr. Tinha acabado de chegar da nossa última entrevista, com um escultor *haida* chamado Alvin (nosso personagem por lá), e estava um pouco cansado. Mas achei que o exercício não me faria mal...

Primeiro, fiz umas fotos de algumas placas que indicavam rotas de fuga no caso de um *tsunami*. Depois, segui pelo encostamento, num passeio totalmente solitário e agradável. Estava sozinho, respirando um ar puríssimo, apreciando o ritmo calmo de uma quarta-feira comum em Queen Charlotte, e sobretudo observando quem eu encontrava – como, por exemplo, nosso casal anfitrião colhendo amoras silvestres (provavelmente para nosso desjejum de amanhã – fofos!).

Com a luz já caindo, encontrei um parque público, com bancos estrategicamente colocados para quem quisesse ver o sol se pôr. A maré estava baixa, e as poças (certamente geladas) eram a alegria das gaivotas. Sentei-me, tentando não pensar em nada – apenas aproveitando a sensação de ter completado mais uma volta ao mundo (tecnicamente, havia ainda outra etapa, na América Latina, mas acho que você entende o que quero dizer...).

É comum ouvir dizer que o mundo é pequeno – e você pode imaginar que quem dá uma volta em torno dele (especialmente quem dá duas) tem razões de sobra para confirmar isso. Mas meu pensamento naquele momento ia justamente em outro sentido. Eu só pensava que o mundo

lá e acolá

▶ Vale a pena lembrar que Queen Charlotte fica numa área sob risco de acontecer um tsunami. Placas espalhadas por toda a cidade não deixam ninguém esquecer isso. Minha dúvida é se essas placas já estavam lá antes do grande tsunami ocorrido no Sudeste Asiático em 2004...

era grande e diverso – e infinito nessa grandeza e nessa diversidade. Relembrava rapidamente os lugares que havíamos visitado e, apesar de ter registrado contrastes marcantes entre as culturas que conhecemos, não me senti estrangeiro em nenhuma delas. Não posso dizer que me identificava com elas – o "brasileiro" dentro de mim sempre falava mais alto –, mas me sentia conectado a todas elas. E extremamente privilegiado de ter aberto todas essas conexões. Sentia-me um cara diferente. De que maneira? Acho que vou passar um bom tempo da minha vida tentando responder a essa pergunta.

(...)

Fizemos um jantar de despedida num outro restaurante de Queen Charlotte, ali perto da nossa pousada mesmo. Pedimos um exagero de comida, tomamos um vinho para comemorar a "missão cumprida" – e acho que vi nos meus companheiros a mesma satisfação que havia em mim. Os desdobramentos das experiências que vivemos, claro, são pessoais, mas, sem que precisássemos conversar sobre isso, eu sentia na expressão de cada um não só que "o serviço estava feito", mas que tinha nos oferecido lições que nem poderíamos imaginar quando começamos essa viagem.

Dia 4

Estranhamente, já que o quarto onde dormi era um dos mais confortáveis de toda a viagem, acordei às 4h30 da manhã – e não consegui mais dormir. Ansiedade da volta? É possível. Enrolei até as seis

▶ O aeroporto de Vancouver, gigantesco, é decorado com grandes obras de artistas conceituados. Pendurados no saguão, por exemplo, encontramos enormes silhuetas coloridas de Jonathan Borofsky. E, na nossa sala de espera, os arcos monumentais de Richard Serra.

da manhã para tomar o café preparado por Leonor e Peter (as amoras silvestres que eu os vi catando no dia anterior estavam no cardápio, é claro!).

Depois, era fazer o trajeto de volta: uma van nos levaria até a balsa; a balsa nos conduziria até Sandspit; o pequeno avião nos transportaria de volta a Vancouver. Só que nesse percurso de volta o tempo estava terrível. Já na balsa enfrentamos um temporal, e nem sei como o minúsculo aeroporto de Sandspit estava aberto: ventava tanto que cheguei a apostar com a equipe que nenhum avião desceria ou decolaria ali. Perdi a aposta, mas viajamos ligeiramente apreensivos a Vancouver naquele pequeno avião de hélice por um céu todo cinza...

(...)

Cinza também estava Vancouver – aliás, mais cinza ainda. E a chuva não dava sinais de ceder. Já em clima de retorno – aquele misto de melancolia, saudade e alívio –, usei a tarde para tirar meu phD na arte de fazer as malas... Eram coisas demais, lembranças colecionadas em cada escala, amontoadas na minha mala, que não era exatamente grande. Tive de tirar tudo para fora e, com precisão de engenheiro, fui aproveitando cada canto da mala. Foram mais de duas horas de "prova", mas devo informar que passei com louvor! E ainda sobrou um microespaço para algumas lembranças – coisas da arte *haida*, justamente – que quero comprar hoje à noite. Bravo!

(...)

Nos separamos por um tempo na parte antiga de Vancouver – o "Gastown". Fui atrás de miniaturas de totens indígenas e alguma gravura bonita, que me lembrasse os símbolos dessa cultura dos povos nativos desse extremo da América do Norte. E tentei dar uma volta, mas a chuva não dava trégua.

Acabei chegando mais cedo ao restaurante onde havia combinado me encontrar com o Ian e o Lúcio – o que acabou significando que fiquei um *dry martini* à frente deles... Era a despedida da despedida, e achamos que merecia vários brindes. Para marcar mais ainda a ocasião, dei um pequeno totem para cada um dos meus colegas e fiquei com um para mim – um pequeno símbolo da nossa aventura conjunta, que, espero, vamos guardar para sempre.

Falamos um pouco sobre a expectativa da volta, mas sobretudo falamos de bobagens. Lembramos momentos engraçados da viagem, coisas que iríamos contar para nossas famílias e amigos – ainda que com um "sabor" diferente: não com a cumplicidade que nós três tínhamos construído naquela aventura, mas com a excitação de quem quer dividir experiências com uma audiência querida.

Desenhos da arte haida

olha o que eu
trouxe de lá...

É complicado explicar o fascínio dos desenhos indígenas da cultura *haida*. São traços simples, figuras e animais estilizados, sempre com uma economia de cores. Mesmo assim, as gravuras e esculturas em pedra e madeira capturam o olhar sem esforço. Foi difícil escolher apenas um trabalho de um artista como lembrança – e acabei ficando com uma imagem simples e forte: preto sobre vermelho. Você pode trazer também um pequeno totem que lembra aqueles dos filmes de cowboy. Alguns são até vendidos em galerias de arte – e, se não são exatamente uma antiguidade, trazem pelo menos um certificado de que foram feitos a mão por alguém da comunidade indígena (quem quiser algo diferente pode trazer um remo pintado).

Bela vista – não é à toa que os haida passavam parte do ano aqui...

Dia 5

No relógio do quarto eram 10h45. Hora de descer, fazer o *check-out* e ir embora. Agora, ir embora mesmo. Conexão para Toronto e depois para o Brasil. Era engraçado pensar que aquele seria o último *check-in* da viagem, a última vez que íamos ter que lidar com toda aquela bagagem, conferir tudo, implorar por assentos decentes no avião, mostrar os passaportes, passar pelo raio X dezenas de bandejas com nossos pertences (*laptop*, casacos, sapatos, metais, embalagens líquidas de até 100 ml, chaves e moedas, iPods, câmeras fotográficas – a própria câmera), conferir portão de embarque, esperar o chamado para o voo...

No meu iPod, escolho novamente "Passe em casa", dos Tribalistas. Já era a oitava vez que a ouvia quando peguei o elevador para descer com as malas.

(...)

Foram quase três horas de voo até Toronto – uma cidade que conheci há mais de 25 anos e que não vou rever, diga-se, já que tenho pouco mais de uma hora para pegar a conexão para São Paulo. Curiosamente, estou olhando mais para trás do que para frente. Talvez seja um pouco cedo para tirar conclusões dessa experiência, mas este é um diário de viagem, e quero ser fiel ao seu espírito: escrevo enquanto penso, enquanto sinto. Assim, quero registrar que estou feliz de ter feito mais uma volta ao mundo – e ter tido a chance de mostrar tudo isso mais uma vez.

Há muito mais coisas que quero expressar, mas não sei como. Por favor, consulte o epílogo deste livro – que certamente escreverei mais para a frente, quando estiver com a cabeça mais fria para digerir tudo isso.

Quem sabe até lá...

(...)

Escrevo nos últimos minutos do que achei que seria o último dia de viagem – mas não é! Nosso retorno agora está previsto para amanhã... Sem drama – vamos sair logo depois da meia-noite. Matei o tempo passeando pelo aeroporto – que é bem legal, cheio de obras de artistas que sempre admirei, como Jonathan Borofsky. E, bem no meio dos portões de embarque, uma daquelas imponentes esculturas de Richard Serra: quatro gigantescas placas de metal que dão a impressão de que vão desabar sobre você e redesenham o espaço de maneira inusitada.

Como ainda sobra tempo, vou à internet ver as notícias do "meu" Brasil. As manchetes de todos os sites falam de um sequestro em Santo André (SP), que durou quatro dias e terminou com uma adolescente morta pelo

Sossego, um dia antes de voltar para o Brasil...

ex-namorado e sequestrador (o caso da menina Eloá ficaria marcado como um dos trágicos acontecimentos de 2008). Estou voltando...

Os pensamentos começam a ficar um tanto confusos. São fusos horários não recuperados, noites mal dormidas, memórias incompletas, itinerários embaralhados, histórias que começam num país, pegam personagens de outro e terminam num terceiro – tudo muito típico de uma viagem que comprime muita informação num ritmo alucinante de trabalho. Mas é com esses pensamentos que volto ao Brasil.

Esta era a última etapa da perna maior da nossa volta ao mundo. Foram duas viagens separadas: essa, e depois uma exclusiva para os patrimônios que escolhemos visitar na **América Latina**. As experiências incríveis desta volta ao mundo ainda iriam se juntar aos destinos que fomos conhecer no nosso próprio continente.

Amuletos

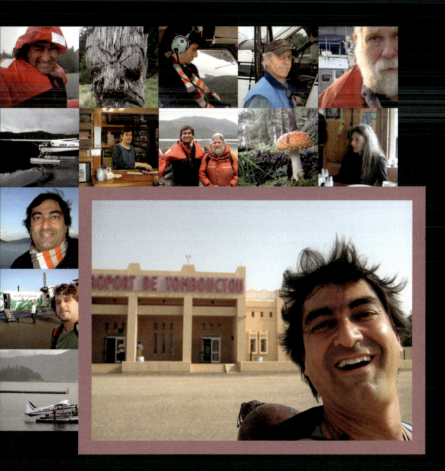

De SGang Gwaii para...

NONA parada

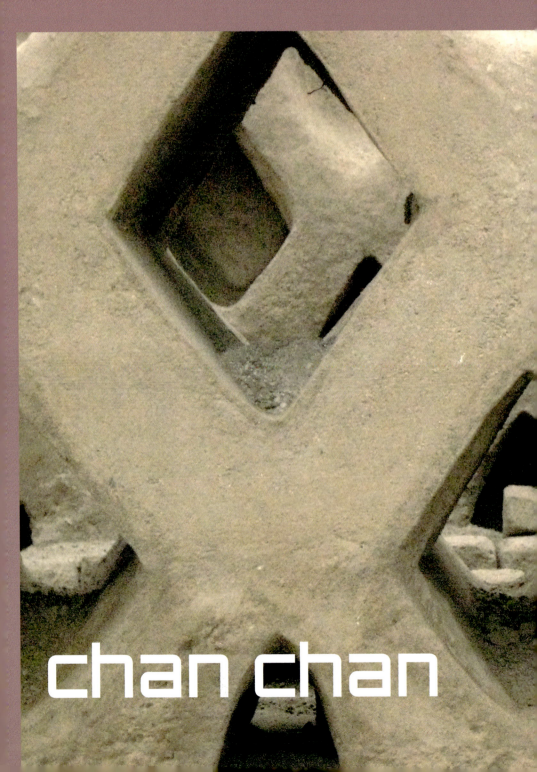

chan chan

CHAN CHAN, PERU

Patrimônio desde: 1986
Na lista dos ameaçados desde: 1986
Latitude: S 8⁰ 05'60"
Longitude: W 79⁰ 04'59"
Critérios: - obra-prima do gênio criativo da humanidade
 - registro excepcional de uma tradição cultural extinta

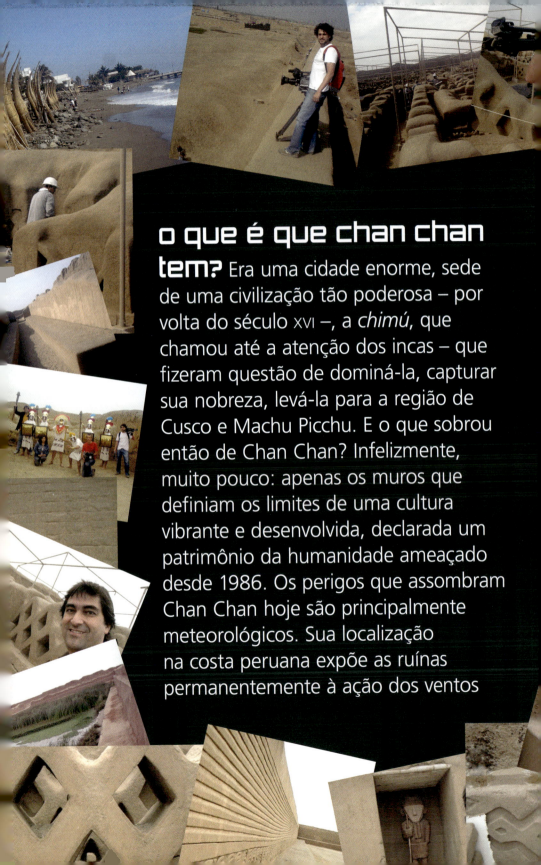

o que é que chan chan tem?

Era uma cidade enorme, sede de uma civilização tão poderosa – por volta do século XVI –, a *chimú*, que chamou até a atenção dos incas – que fizeram questão de dominá-la, capturar sua nobreza, levá-la para a região de Cusco e Machu Picchu. E o que sobrou então de Chan Chan? Infelizmente, muito pouco: apenas os muros que definiam os limites de uma cultura vibrante e desenvolvida, declarada um patrimônio da humanidade ameaçado desde 1986. Os perigos que assombram Chan Chan hoje são principalmente meteorológicos. Sua localização na costa peruana expõe as ruínas permanentemente à ação dos ventos

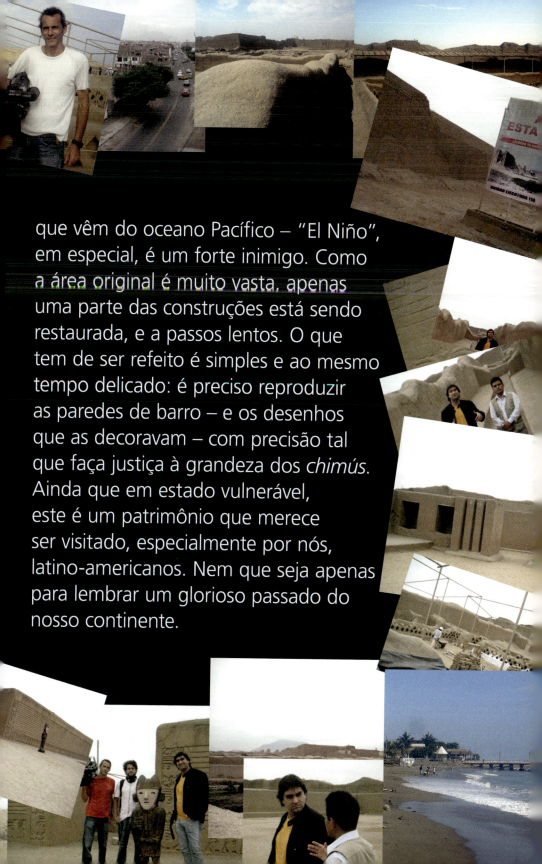

que vêm do oceano Pacífico – "El Niño", em especial, é um forte inimigo. Como a área original é muito vasta, apenas uma parte das construções está sendo restaurada, e a passos lentos. O que tem de ser refeito é simples e ao mesmo tempo delicado: é preciso reproduzir as paredes de barro – e os desenhos que as decoravam – com precisão tal que faça justiça à grandeza dos *chimús*. Ainda que em estado vulnerável, este é um patrimônio que merece ser visitado, especialmente por nós, latino-americanos. Nem que seja apenas para lembrar um glorioso passado do nosso continente.

viva chimú!

uma grande cultura que os incas combateram e dominaram

PENSOU EM PATRIMÔNIO DA HUMANIDADE no Peru, pensou em Machu Picchu, certo? Certíssimo. Mas e Chan Chan? Já ouviu falar? Pois então! Dos dez patrimônios da UNESCO nesse país vizinho, Chan Chan é um dos mais desconhecidos – e talvez um dos que mais precisem da atenção mundial para se preservar. Por isso, essa foi nossa escolha.

Escrevi "país vizinho" de propósito – como uma autoprovocação. Conheço muito mal a América do Sul – não escondo. Conheço bem a Argentina (Buenos Aires é uma das minhas cidades favoritas do planeta), inclusive a Patagônia – mas sempre há espaço para conhecê-la melhor... Ao Chile já fui algumas vezes: Pucón, Vale Nevado, Santiago – é claro – e o Atacama (mas ainda falta muita coisa). Ah, Ilha da Páscoa também! Fui a Bogotá (Colômbia) por um dia, só para uma reportagem. Visitei o Paraguai quando ainda era adolescente, e o Uruguai quando era criança (voltei lá no meio dos anos 90, mas só por um par de dias, em Punta de Leste). Os outros países... nada!

Por quê? Nem sei dizer direito. Parece que, como estão aqui do lado, eu penso: "Quando tiver um tempinho, eu vou" – o que é obviamente uma injustiça. Além disso, sempre acho que, como ficam pertinho, pode ser que eu vá lá a trabalho... E fico esperando a oportunidade!

Grupo de teatro moderno reproduz cerimônia chimú

Que apareceu então nesta volta ao mundo. Na verdade, algumas semanas antes da jornada maior, começamos a viagem por dois países da América do Sul. Nosso continente é rico em patrimônios da humanidade, e por isso não foi fácil escolher apenas dois destinos. No final, acho que acertamos nas opções. E a primeira delas foi Chan Chan, no Peru, para onde vamos agora.

Dia 1

Trujillo é uma cidade curiosa, que em vários cantos lembra uma cidade do interior do Brasil. Não sei por que isso me surpreende tanto – afinal, não somos todos latino-americanos? Mesmo assim, Trujillo me traz lembranças de viagens que fiz, ainda garoto, pelo interior de Minas Gerais e Mato Grosso (sou do tempo em que só havia um estado com este nome...): casas baixas e simples, carros velhos, muros pintados com anúncios de lojas de tecidos e oficinas mecânicas, crianças brincando sem camisa e sem supervisão de adultos. Um clima agradável e ligeiramente nostálgico. Nosso hotel, onde simplesmente joguei a mala e fui encontrar o resto da equipe (Ian e Lúcio haviam chegado um dia antes para adiantar as imagens), era uma nota dissonante: uma construção modernosa e feia, cheia de vidros escuros em janelas angulosas e assimétricas, que parece ter sido obra de um jovem que foi estudar arquitetura na cidade grande e voltou cheio de ideias – e nenhum freio.

Mas por que estou eu aqui, discorrendo sobre um exemplo menor dessa arte, quando tenho diante de mim um verdadeiro monumento arquitetônico chamado Chan Chan? Já era fim da tarde (saí cedo do

Já e acolá

▶ Desde que foi considerado um patrimônio da humanidade pela UNESCO, em 1986, Chan Chan já estava ameaçado. Pelas próprias características da construção, sua estrutura é frágil, e sofre com a ação do tempo, em especial por estar localizado na costa do oceano Pacífico.

"Caballitos de Totora", o barco tradicional de Trujillo, enfileirados depois da pesca

▶ É uma cerimônia bonita acompanhar todo dia de manhã a saída dos *caballitos de Totora* para a pesca. São embarcações tão frágeis que parecem não ter condições de voltar de mais uma jornada pelo mar. A marca registrada de Trujillo é também um dos suveniers mais fáceis de encontrar por lá.

a história de victor
também é sua

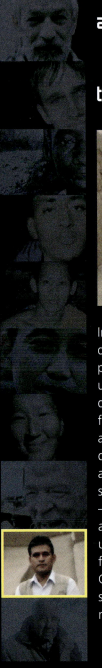

Imagine que a tarefa de restaurar e preservar a cultura de seus antepassados esteja sobre seus ombros. Victor, professor e arqueólogo de Trujillo, Peru, trabalha com uma competente equipe de assistentes na reabilitação de Chan Chan, mas é como se toda a responsabilidade fosse apenas dele. Não é por excesso de zelo, mas apenas porque aquela cultura é a sua vida. Ele fala de antepassados de séculos atrás como se fossem avôs e avós. Exalta a relevância da cultura *chimú* – suas conquistas e seu desenvolvimento tecnológico – como se estivesse se dirigindo diretamente a esses antepassados (e com muita reverência!). Enfim, tem um entusiasmo contagiante, que espera passar aos filhos – e quem sabe aos netos. Pois o trabalho em Chan Chan é longo, e a garantia de que a herança de seu povo vai ser levada adiante está certamente nas mãos das futuras gerações.

Brasil, mas a conexão em Lima foi demoradíssima), mas resolvi pelo menos dar uma olhada rápida no patrimônio, levado pelo nosso motorista local – num carro que só merecia esse nome porque tinha quatro rodas, já que o resto estava tão deteriorado que poderia passar por uma instalação de arte contemporânea.

Chan Chan fica às margens de Trujillo, e, mesmo com a luz já baixa, me assustei com o tamanho do que vi: eram muros e mais muros cor de barro, que me davam a sensação de uma enorme cidade sendo construída rapidamente – aliás, era mais ou menos isso. Ameaçada, entre outras coisas, pelos ventos e pela maresia (El Niño é seu maior inimigo), o que restou dessa que era a maior cidade pré-colombiana da América Latina está passando por uma reconstrução. Aqui e ali, via pequenos canteiros de obra, já abandonados, porque a jornada de trabalho tinha certamente terminado. Alguns grupos pequenos – turistas ou estudantes, não tenho certeza – ainda circulavam do lado de fora dos grandes muros. Fiquei tentado a entrar pelo menos por um deles, para ver o que eles escondiam, mas já era tarde.

Ian me fez desistir da ideia: primeiro, me garantiu que já tinha feito boas imagens e que no dia seguinte teríamos tempo de explorar bastante as partes mais bonitas e mais interessantes das ruínas; e depois me lembrou que tínhamos de ir até a casa de uma senhora que iria preparar um legítimo *ceviche* para nós. O quê? Nunca comeu *ceviche*? Está vendo? Esta é só mais uma prova de que conhecemos muito mal nossos vizinhos – até mesmo sua culinária. (A culpa não é sua... Você sabe dizer quantos restaurantes peruanos há na sua cidade?)

▶ Chan Chan era tão grande, que a cidade era dividida em grandes blocos: os funcionais, residenciais, cerimoniais, funerários, e até um que possívelmente era recreativo, como este, onde existia um grande reservatório de água, relativamente bem conservado até os dias de hoje.

A área onde funcionava a burocracia de Chan Chan é uma das mais bem restauradas

(...)

A casa que visitamos fica numa pequena vila de pescadores ao lado de Chan Chan. A dona da casa é a mãe de Victor, historiador e arqueólogo peruano que trabalha na restauração desse patrimônio e tem um orgulho quase obstinado. Ele fez questão de que fôssemos até lá para acompanhar passo a passo a receita tradicional de *ceviche*.

lá e acolá

▶ Algumas áreas de Chan Chan parecem grandes canteiros de obras. A restauração é feita meticulosamente seguindo os desenhos originais, tanto nas salas, cujas paredes de losango são refeitas com a mesma proporção de antigamente, como na decoração dos muros.

Brinquei há pouco com a ideia de que você talvez não soubesse o que era um *ceviche*, mas tenho de admitir que é um prato pouco conhecido. Viajando pelo mundo, de vez em quando me deparo com ele no cardápio de um restaurante (raramente no Brasil), mas quase nunca ele é identificado como um prato peruano. Aliás, quem o vê pela primeira vez pode até achar que é "parente" do *sashimi* – já que parece um picadinho de peixe quase cru. Mas o *ceviche* é bem peruano – e, como me explica a mãe de Victor, a receita é a mesma há séculos.

Na sua cozinha simples, ela corta o peixe (linguado) em pequenos cubos e o mistura com outros frutos do mar – todos pescados no mesmo dia, num pequeno barco de palha, com uma forma peculiar, num ritual que se repete há séculos. Mas, seguindo com a receita: um pouco de cebola aqui, um pouco de alho – atenção, estou dando uma versão bem simplificada de tudo! – e muito suco do segundo ingrediente mais importante (depois do peixe), o limão. É ele que, por uma reação química (ah, se eu tivesse sido um bom aluno nessa matéria...), "cozinha" o peixe – sem que seja preciso levá-lo ao fogo. A única coisa que vai ao fogo são as batatas (vários tipos) que vão acompanhar o prato.

Em pouco mais de uma hora, depois de uma conversa reticente – a mãe de Victor não é muito de prosa enquanto cozinha! –, estávamos em torno da mesa de jantar, também numa sala bem simples, saboreando um prato maravilhoso, que para mim serviu como um presente de boas-vindas ao Peru – e a todo o projeto da viagem!

5 pratos que, se feitos em casa, não têm o mesmo sabor...

- *Ceviche* peruano
- Crepe indiano de banana, feito no meio da rua, em Luang Prabang, Laos
- "Arroz grudento" (*sticky rice*), Luang Prabang
- *Rebec* (compota de cereja com chá), Baku, Azerbaijão
- Caranguejo cozido fresco, pescado no mesmo dia em Rose Harbour, no Canadá

necessidades
básicas

hospedagem

A foto acima mostra a vista da sala de café-da-manhã do nosso hotel em Trujillo. Se a cidade não parece muito convidativa, o que dizer então da placa que encontramos pelos corredores do hotel (e de várias outras construções) alertando para o perigo de terremoto?

comida

Até poderíamos variar um pouco o cardápio e pedir um *ajé de gallina*, que é um prato típico peruano. Mas em Trujillo, 90% do que a gente come – como o próprio *ceviche*, por exemplo, vem do mar, trazido por estes barcos tradicionais chamados *caballitos de Totora*.

transporte

As distâncias são longas entre os muros de Chan Chan, mas todos os corredores – e toda a área arqueológica – devem ser percorridos a pé. O motivo é a fragilidade de todo o terreno. Se carros comuns não podem entrar lá, imagine o nosso táxi, que era uma verdadeira lata-velha...

(...)

Está difícil dormir. Primeiro porque meu quarto é quentíssimo e tem uma janela que dá para o pátio interno do hotel – a portaria fica bem embaixo dele, e de lá sai um burburinho que é canalizado diretamente para o meu ouvido esquerdo.

Depois, estou excitado demais para dormir. Um dos motivos, claro, é conhecer melhor Chan Chan, que vou explorar diretinho amanhã de manhã. Mas este é o começo da aventura – estou cheio de expectativas, perguntas e até uma certa ansiedade para ver que cara vamos dar a este projeto.

(Este é o nono capítulo deste livro – que coincide com o nono episódio da série que foi ao ar no *Fantástico* –, mas o Peru foi nossa primeira escala na viagem. Tivemos de visitar os países da América Latina primeiro por uma questão operacional, mas a ideia sempre foi terminar a aventura, pelo menos na exibição pela televisão, aqui "do nosso lado", nos nossos vizinhos. Assim, peço que você me perdoe se essa excitação que descrevo agora parece um pouco deslocada. Mas, se imaginar o peso de começar um projeto como este, vai se solidarizar um pouco com este viajante, que, mesmo com toda a experiência e paixão, ainda se sente meio aprendiz diante de uma cultura desconhecida.)

Praça central de Chan Chan

olha o que eu trouxe de lá...

O suvenir mais típico de Trujillo não tem muito a ver com as famosas ruínas da cidade de Chan Chan. Trata-se de uma miniatura em palha dos barcos de pescadores que decoram essa parte da costa do Pacífico todas as manhãs. Da cultura *chimú* mesmo, só cartões-postais, sacolas de pano com reproduções de desenhos antigos e tapetes com motivos peruanos que cansamos de ver não só nos mercados do país, mas em qualquer feira *hippie* do mundo. Como nossa escala foi muito rápida (apenas dois dias!), tive que recorrer às lojas do aeroporto. E como as malhas de alpaca estavam meio fora do orçamento, acabei levando duas miniaturas meio *kitsch*, mas tudo bem... Uma de um pequeno oratório – artesanato tradicional do Peru – e outra daquela touca que "fica tão bem" com um poncho de lã de lhama...

Muros restaurados de uma das praças principais de Chan Chan, com figuras de animais na sua barra

Tenho várias ideias na cabeça, mas quem disse que tive tempo de pensar em uma delas antes de sair do Brasil? Fiquei de "desenhar" tudo no trajeto para cá, mas estava tão exausto que dormi mais do que pretendia durante os voos. E já cheguei colhendo informações a granel nessa primeira escala. O que fazer com elas? Como passar tudo isso para quem vai acompanhar a série? Por que o sono não vem? Tenho de acordar antes das sete amanhã...

Dia 2

Outro muro? Outra parte da cidade? Nossa, como isso aqui é grande! Maior ainda do que imaginei diante da amostra que tivemos ontem. Aliás, acho que nem vamos conhecer tudo. Os muros de Chan Chan se estendem literalmente a perder de vista. A parte que está sendo restaurada é bastante grande, mas representa apenas uma fração da potência que essa cidade um dia representou. Calcula-se que a área total era de 20 km² – um

horizonte suficientemente distante para o olho humano se perder...
Victor passeia conosco pela área que é o foco da restauração. Um pequeno exército de operários e arqueólogos parece retocar constantemente as paredes – não só os grandes muros, que guardam enormes e amplas praças abertas, mas também as cercas baixas de barro que cortam os antigos espaços urbanos num desenho de losangos que se estende por metros e metros.

Ian incorpora um chimú

Parece um trabalho insano, devido à fragilidade do material com que trabalham. Essa construções são basicamente de barro, e, considerando que são do século IX e que estão expostas às correntes de vento que vêm do oceano Pacífico, é possível entender por que estão tão deterioradas.

Chan Chan é um patrimônio da humanidade ameaçado, e isso é algo que perturba profundamente nosso guia Victor. Ele se considera um descendente direto dos *chimús*, o povo que floresceu nesta região séculos antes da chegada dos europeus – antes mesmo do apogeu dos incas (um povo que construiu um dos maiores impérios na América

lá e acolá

▶ Nem todo mundo conhece, mas o Peru tem uma bela tradição de música negra. A mistura das raízes africanas com a música andina criou uma sonoridade única que hoje tem ramificações que vão desde as mais tradicionais até as versões *dub* mais modernas. Todas recomendadíssimas.

Aprendendo a saudação chimú!

Latina). Aliás, foram os incas que acabaram com Chan Chan e deslocaram o centro do poder para as vizinhanças de Cusco, perto de Machu Picchu. Mas, para Victor, os *chimús* tinham uma cultura superior – e Chan Chan é a maior prova disso. Passeamos por toda a área que está sendo restaurada, e é como se cada canto o inspirasse a contar uma história sobre seus antepassados. Num cemitério, o destaque é a organização das urnas funerárias. Numa grande piscina, a capacidade que os *chimús* tinham de planejar espaço para a recreação pública – ou pelo menos dos amigos dos imperadores. Nas grandes praças cerimoniais, o comentário positivo é para a limpeza das linhas, destacando também os rituais que ali eram encenados. E mesmo as paredes menores, onde os antigos desenhos de motivos marinhos estilizados estão sendo refeitos, não ficam sem um elogio de Victor.

Andando por esses corredores compridos e pelas incontáveis galerias, acompanhado da animação de nosso guia, posso imaginar Chan Chan como uma cidade funcional, com suas atividades de comércio, suas casas particulares e até com seus órgãos públicos em plena atividade. Victor

▶ Se as construções mais sólidas não sobreviveram todos esses séculos – só lembrando, o apogeu de Chan Chan foi no século xv, – imagine as peças de madeira. Assim, as poucas estátuas que encontramos espalhadas pelas áreas já restauradas são reproduções (bem convincentes...).

consegue evocar exatamente a grandeza desta antiga cidade. Agora é comigo: como vou passar tudo isso para o espectador de nossa série? Como você vê, as inquietações da noite anterior ainda estão me rondando...

(...)

Com os rostos pintados e uma roupa que não inspira seriedade, os dançarinos entram numa pequena câmera por um dos corredores de Chan Chan. São atores que reproduzem uma antiga cerimônia *chimú*. A encenação tem traços ligeiramente cômicos, mas eles são seríssimos. A cultura aqui é sagrada, e logo percebo que durante a apresentação não há espaço para o riso. Ou melhor, quanto mais ouço a música, mais fico envolvido naquela dança simples, mas poderosa. É como se ela demandasse respeito a cada movimento. E eu não tinha como não responder com atenção.

O grupo de atores jovens se apresenta de vez em quando por aqui, no cenário original onde as cerimônias eram realizadas, mas hoje em dia suas performances servem mais para divertir turistas em hotéis ou grandes convenções internacionais. Um triste fim para uma cultura que significou tanta coisa. Mas que, com a garra com que Victor e tantos outros acadêmicos estão lutando, talvez possa reconquistar sua importância na história deste nosso continente.

Passeio um pouco sozinho por outros corredores, enquanto Lúcio e Ian fazem as últimas imagens. E só então as coisas começam a fazer sentido. É só então, nesta reflexão solitária, enquanto espero a hora de ir embora, que percebo que a tarefa que temos pela frente é muito maior do que

lá e acolá

▶ Nunca tinha visto um cão peruano e, quando o encontrei, ele imediatamente entrou para a lista dos bichos mais estranhos que já vi. Como não tem pelos, sua pele é muito quente, de dar aflição de tocar... Está quase sempre com a língua de fora e uma carinha triste... Mas é bem carinhoso.

imaginávamos. Este é só o primeiro lugar por onde passamos, mas algo me diz que vamos encontrar histórias semelhantes por onde formos. Histórias de gente que se orgulha de seu passado, um passado que define a história de tanta gente e que chega àquilo que somos hoje. Sou brasileiro, sim, nascido em Uberaba, Minas Gerais. Mas a esta altura começo a me sentir um pouco mais cidadão do mundo. É uma sensação familiar – já a experimentei outras vezes. Mas parece que agora ela tem um novo sentido. Assim como aqui em Chan Chan, sei que vou encontrar, em cada lugar por onde passar, alguma coisa que fará com que eu me identifique com aquele povo, com aquela cultura. Algo que vai me obrigar a deixar as fronteiras de lado e lembrar que o fato de eu ter nascido num endereço específico – numa rua, numa cidade, num país – não me torna nem menos nem mais humano do que aqueles que nasceram em outras latitudes e longitudes.

Sou dono de tudo que o homem faz – e quero que tudo o que eu faça seja também de todos. Não é essa a ideia por trás de um "patrimônio da humanidade"? Se é de um ser humano, é de todos. Sinto-me inundado dessa sensação – e não podia estar mais feliz.

(...)

Na despedida de Chan Chan, bem na saída dos portões que guardam as ruínas, vejo um dos cachorros mais estranhos que já encontrei: o cão peruano sem pelos! Era uma figura bonita, mas meio triste, meio assustada. Quando tentei me aproximar, ele imediatamente se escondeu num canto. Insisti, e quando o toquei, levei um susto: sua pele era muito quente. A repulsa inicial, porém, foi superada pela curiosidade. Queria pegar aquela criatura esquisita – que, para piorar, ficava com a língua enorme pendurada para fora das mandíbulas. Sensível ao toque, ele reagiu com mais medo – e achei melhor deixá-lo em paz...

Tínhamos um voo no meio da tarde para o Chile, nossa próxima parada, mas sobrava tempo para uma última refeição legitimamente peruana: num bom restaurante da cidade, eu e Ian comemos um maravilhoso *ají de galinha* – um prato que mistura as culinárias espanhola e peruana "de outros tempos", como a garçonete fez questão de frisar.

Com quantas dessas misturas e influências ainda iríamos cruzar?

Preparado para a última escala desta viagem conosco? Se você, como nós, se encantou com a variedade da criação humana em cada lugar por onde passamos, e mais ainda com este espaço impressionante que são as ruínas de **Chan Chan,** nossa última parada vai levar você a uma paisagem ainda mais inesperada — assim que o nosso voo "demorado" decolar...

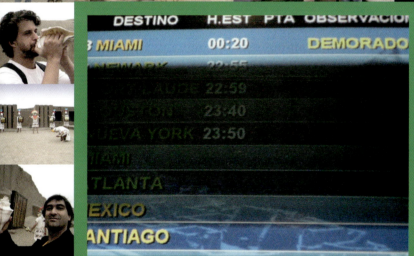

De chan chan para...

décima parada

SEWELL, CHILE

Patrimônio desde: 2006
Latitude: S 34º 05'04"
Longitude: W 70º 22'58"
Critérios: intercâmbio de valores humanos

sewell

o que é que sewell tem?

Era para ser só uma mina de cobre. Mas como explorá-la sem criar ali uma comunidade? Assim, em 1905, a empresa americana Braden Cooper instalou ali, a 2.500 metros de altura, um povoado que só seria batizado oficialmente de Sewell dez anos mais tarde – em homenagem a um executivo da companhia de mineração. Chegar lá era um sacrifício à parte. Nas primeiras décadas, o trajeto fazia-se principalmente a cavalo – e levava, é claro, alguns dias. Depois veio uma precária ferrovia, com serviço tão irregular que, quando novos grupos chegavam à cidade, eram recebidos com banda de música! Só em 1970 uma

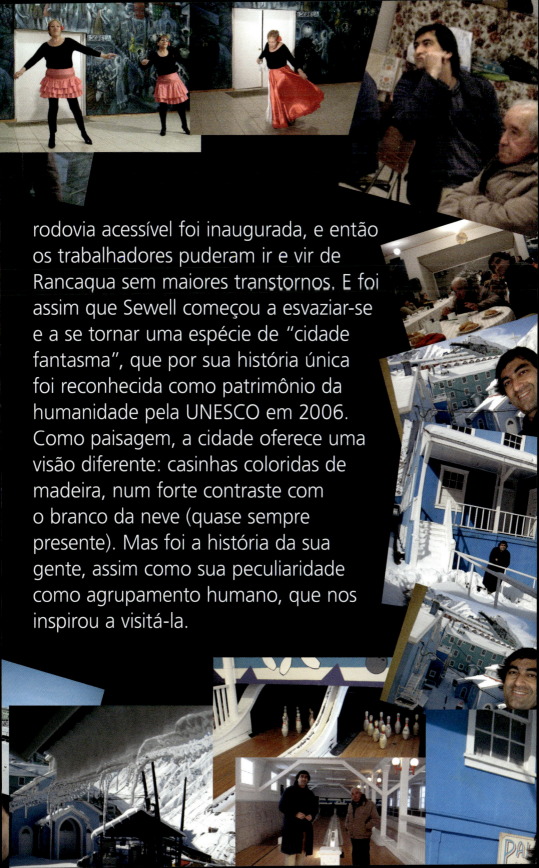

rodovia acessível foi inaugurada, e então os trabalhadores puderam ir e vir de Rancaqua sem maiores transtornos. E foi assim que Sewell começou a esvaziar-se e a se tornar uma espécie de "cidade fantasma", que por sua história única foi reconhecida como patrimônio da humanidade pela UNESCO em 2006. Como paisagem, a cidade oferece uma visão diferente: casinhas coloridas de madeira, num forte contraste com o branco da neve (quase sempre presente). Mas foi a história da sua gente, assim como sua peculiaridade como agrupamento humano, que nos inspirou a visitá-la.

cidade fantasma

o que um patrimônio está fazendo a mais de 2.000 m de altura?

QUANDO PENSAMOS EM PATRIMÔNIOS da humanidade, a antiguidade logo nos vem à mente. É natural... No inconsciente coletivo, se temos algo que merece ser preservado, deve ser resultado de culturas antigas. Mas quem disse que a humanidade parou de construir sua cultura? Brasília é um desses patrimônios – e ainda não fez 50 anos... Agora, neste exato momento em que você lê isto, pode estar sendo construído algo que será o orgulho de gerações futuras.

Não que sempre se crie para a posteridade. Isso talvez tenha ocorrido em alguns monumentos que visitamos nesta viagem, como por exemplo Borobodur, na Indonésia – e certamente a imortalidade estava na cabeça dos faraós que construíram as pirâmides do Egito... Mas, como aprendemos nesta nossa jornada, muitas vezes é a história do homem – das pessoas que moram ou moraram ali, que construíram suas vidas em torno de um espaço e de uma cultura – que torna os lugares interessantes e valiosos.

E isso não precisa ter acontecido há séculos – como descobrimos visitando Sewell, no Chile. Suas origens são do início do século XX (1904/1905), e sua breve história tem pouco mais de dez décadas. Mas é uma história tão impressionante que mereceu o reconhecimento mundial – e nossa visita!

Com vocês... Sewell!

Dia 1

Viajar pelo mundo é um aprendizado zen. Não pelas lições de espiritualidade – e, talvez, filosofia – que os lugares que visitamos nos ensinam, mas pelos testes a que nossa paciência é submetida nas conexões...

Os viajantes contemporâneos, que pegam aviões como se fossem táxis, entre pontos de grande fluxo, acabam se esquecendo de que nem todas as cidades do mundo estão ligadas por uma ponte aérea... Rio-São Paulo? Sem problemas! Nova York-Washington? Direto! Londres-Paris, nem se fala... Até Lisboa-Porto é uma rota bastante comum. Mas você já ouviu falar na conexão Trujillo-Rancagua? Não, é claro, porque ela não existe. Para "unir" essas duas cidades é necessário passar por um certo calvário...

Nada tão sofrido como algumas viagens transcontinentais (agora, depois que a viagem terminou, vejo que sair de Baku, no Azerbaijão, e ir parar em Bangcoc foi uma maratona) ou transoceânicas (aquele dia "dobrado" que tivemos quando saímos de Ulaan Baatar com destino a Vancouver também foi puxado

Placa avisa que a estrada que queríamos pegar até Sewell, T3, estava fechada

lá e acolá

▶ Rancagua, onde hoje moram quase todos os trabalhadores das minas de cobre de Sewell, é uma cidade pequena e confortável. Fica a apenas 85 quilômetros da capital, Santiago, e tem, como quase toda cidade chilena (por causa dos Andes), uma vista fantástica – sempre que a meteorologia ajuda...

Avistando ao longe a cidade de Rancagua, Zeca e Lúcio torcem para o tempo firmar...

– e veja que não estou incluindo o trecho entre Vancouver e Queen Charlotte!). Mas, como você pode imaginar, a malha aérea do Peru não é das mais confiáveis – e, com isso, o que poderia ser apenas uma passagem por Lima tornou-se uma longa espera naquele aeroporto, regada a sanduíches umedecidos e cerveja quente...

Como sempre em situações como essa, não há o que fazer: nós, viajantes, somos reféns de controladores de voo, condições climáticas e outras razões que sempre entram naquela "área cinzenta" da compreensão. Tentando passar o tempo, explorei cada loja daquele

▶ Enquanto esperávamos o tempo melhorar, fomos ao Círculo Social Sewell conferir uma festa dos antigos moradores da cidade que hoje é patrimônio da humanidade. Lá, eles se reúnem, contam histórias e tentam manter viva a memória da cidade em que passaram boa parte de sua vida.

quando o sol bate e ilumina as casas coloridas de Sewell, você quase se esquece de que esta é uma cidade fantasma. Pode até ser que hoje ela não tenha vida, mas que tem história, isso tem!

a história de eduardo
também é sua

Imagine passar onze anos sem sair de uma cidade pequena, isolada pela neve a mais de 2.000 metros de altitude... Pode parecer uma tortura, certo? Mas não era essa a visão que o senhor Eduardo (à esquerda, na foto acima) tinha do lugar onde nasceu – e de onde só saiu para espiar o mundo (e logo depois voltar) quando já era garoto. Sewell para ele era o mundo. Era sua família, seus amigos – era, como ele gosta de falar, sua árvore de natal iluminada. Sua escola era lá, as festas eram lá, seu trabalho sempre foi lá – e, claro, sua paixão, o boliche, sempre esteve lá. Era lá, na casinha mais conhecida como *palitroque* que ele se divertia – e é de lá que vem parte das suas lembranças. Com mais de 70 anos, de olhos azuis cansados, o senhor Eduardo hoje mora em Rancagua, a cidade onde vivem todas as famílias ligadas à extração de cobre na região de Sewell. Mas pergunte a ele onde mora o seu coração...

Isso aqui é seu 315

Em ação: antes mesmo de chegar a Sewell, nossa equipe faz imagens do local onde era o campo de futebol da cidade

aeroporto, e recebi até uma pequena aula sobre os vários tipos de fibras animais do Peru! Não estou falando dos "famosos" ponchos de lã de lhama, mas de uma malharia mais sofisticada, que começa com os pelos de alpaca (sim, parente da lhama) e termina com os da raríssima vicunha (outro parente da lhama!). Imagine: um simples cachecol feito do pelo desse animal saía (nas lojas *tax free* – sem imposto!) quase 3.000 reais! Ligeiramente mais em conta, a mesma peça feita com lã de guanaco sai por menos de 2.000 reais – que "pechincha"!

Quando a vendedora já estava quase me convencendo a levar pelo menos um gorro de alpaca – finalmente uma coisa que custava menos de 100 reais! –, eis que finalmente começam a chamar para o nosso voo Lima-Santiago. E meu "suvenir de luxo" peruano vai ficar para uma próxima vez – quem sabe quando eu visitar Machu Pichu, que ainda não conheço (sim, eu sei... já viajei para tantos cantos deste mundo e ainda não fui lá... mas ainda vou!).

(...)

Fiz tantos planos para jantar em Santiago... A capital chilena é famosa por seus bons restaurantes – e não vamos entrar no assunto dos vinhos... Sempre penso que esse é o truque para manter os turistas que visitam o Chile por mais uma noite ou duas na cidade.

Explico: Santiago não tem nenhum charme especial. Tudo bem: a paisagem é dramática – uma cidade grande aos pés da cordilheira dos Andes impressiona. Mas, com exceção de algumas notáveis obras de arquitetura contemporânea, o grande barato de estar na capital é saber

lá e acolá

▶ Na subida para a cidade (já com o tempo a nosso favor...), encontramos construções mais recentes, que mostram que a mineração de cobre na região ainda está em plena atividade.

Isso aqui é seu   317

Ian na frente do aviso de alerta na estrada, mesmo com o céu azul...

que você está a caminho de um daqueles lugares incríveis no Chile: Lagos! Vulcões! Deserto! Neve! Montanhas! A brincadeira é meio maldosa, mas serve como gancho para justificar o esforço que Santiago faz para agradar. E em nenhuma área isso é tão evidente quanto na gastronomia.

Tenho minha lista de restaurantes favoritos na cidade – e coloco alguns deles entre os melhores que já visitei no mundo! Mas não foi dessa vez que pude apresentá-los à equipe que viaja comigo... Chegamos tão tarde à capital chilena que até o serviço de quarto do hotel já havia fechado...

5 extremos da nossa viagem

- ▸ Lugar mais alto: Sewell, Chile (2.140 m)
- ▸ Lugar mais quente: Timbuktu (44ºC à sombra...)
- ▸ Lugar mais frio: Kharkhorin, Mongólia (-15ºC à noite)
- ▸ Lugar mais visitado: Borobudur, Indonésia (cerca de 7 mil pessoas, no dia em que estivemos lá)
- ▸ 32 horas sem dormir (entre a Mongólia e o Canadá)

necessidades básicas

hospedagem

comida

transporte

Alguns desses prédios antigos de Sewell, que eram de apartamentos residenciais, serão reformados para que se tornem hotéis de luxo. Mas isso ainda está nos planos... Por enquanto, ainda não se pode dormir na cidade, e quem quiser visitar Sewell deve dormir em Rancagua e ir até lá de carro.

Enquanto os hotéis de luxo não ficam prontos em Sewell, a única opção de comida por lá é o refeitório onde comem todos os funcionários da empresa de mineração – e que é até gostoso. Mas não é difícil fazer uma boa refeição no Chile, mesmo em Rancagua – e não vamos nem começar a falar de vinhos... Mas o jantar mais agradável que tivemos por lá foi esse da foto, com comida caseira servida na festa do Circulo Social de Sewell.

Para circular pelas estradas, claro, só de van... Na visita aos túneis de mineração, nossa equipe entrou com um carro especial usado pelos funcionários. Mas em Sewell mesmo, não há opção: você tem de enfrentar a "cidade das escadas" a pé – encarando a neve, o vento, e o frio...

Igreja em Sewell

Nosso consolo foi a segurança com que o pessoal da recepção nos informou que o café-da-manhã do hotel era um dos mais "ricos" de todo o Chile! Com essa esperança de um bom começo de dia, dormi olhando a luz que se refletia nas montanhas bem diante da janela do meu quarto. (Eu disse que Santiago não tem charme? Vamos rever isso.)

Dia 2

Chovia leve quando chegamos a Rancagua – detalhe que fizemos questão de ignorar ao largar as malas no hotel e correr para subir em direção a Sewell. Mas as condições só pioravam à medida que subíamos – e fomos ficando cada vez mais apreensivos, até que um aviso na placa de acesso não deixou dúvidas: dali, ninguém passava.

Foi um desânimo geral. Ali, barrados no portão de acesso à estrada que nos levaria a Sewell, a expressão nos nossos rostos era não só de tristeza, mas também de apreensão. O caminho estava fechado devido às condições meteorológicas: uma neblina intensa, chuva e – o pior – tempestades de neve. Nada garantia a nossa segurança na subida até Sewell. Aliás, nem a nossa, que estávamos numa van, nem a de caminhões de carga pesada, que também eram orientados a voltar para Rancagua e esperar para ver se o tempo melhorava no dia seguinte...

No caso dos caminhoneiros, imagino, o prejuízo era "lucro": mais uma diária que ganhariam... Mas, para nós, a possibilidade de perder aquele dia – e talvez o seguinte – era fatal. Tínhamos só mais dois dias no Chile – e, se não pudéssemos fazer a matéria, teríamos de voltar de mãos vazias... (Como expliquei no capítulo anterior, esta parte latino-americana da viagem foi feita antes da viagem maior ao redor do mundo. E teria que ser feita entre dois domingos, nos quais eu não podia deixar de estar no estúdio, apresentando o *Fantástico*. Por isso a pressa.)

Não tínhamos opção a não ser esperar... E não lá, mas em Rancagua, a cidade para onde nos deslocamos hoje de manhã, depois de um excelente café da manhã (os funcionários do hotel não estavam exagerando...). Foi uma viagem curta – o percurso é de menos de 90 quilômetros – e extremamente agradável, sobretudo pela Cordilheira dos Andes, que nos faz companhia o tempo todo (chegamos a passar até pelo trecho mais estreito, em todo o território chileno, entre o mar e a montanha!). O único incômodo no meio da viagem era mesmo o tempo, que, depois de ter trazido um céu nublado pela manhã em Santiago, não estava dando mostras de que iria melhorar.

Já de volta ao hotel, pouco depois do meio-dia, almoçamos fazendo o exercício mais fútil que todo ser humano adora fazer: previsões

lá e acolá

▶ A principal entrada para os funcionários que fazem a extração do cobre agora fica no platô onde existia o antigo campo de futebol na cidade. E, para visitar a mina e acompanhar um pouco da rotina desses mineradores, nossa equipe teve de encarar todos os equipamentos de segurança.

Foto de Sewell nos anos 50

Sewell hoje em dia

meteorológicas! Palpites, conjecturas, informações de internet – nada disso garantia que teríamos gravações no dia seguinte... Mas embalados por um bom tinto chileno, levantávamos hipóteses do que poderia acontecer, simplesmente para esquecer que tínhamos perdido o dia. Ou não...

(...)

Foi uma festa animada – se você considerar que a idade média dos participantes girava em torno dos 60 anos! Imagine: quando achávamos que teríamos uma tarde livre, resmungando sobre a impossibilidade de gravar, Ian descobriu que justo naquele dia estaria acontecendo um encontro de ex-moradores de Sewell em Rancagua! Que sorte!

▶ Segundo relato dos moradores, o gelo e a neve cobriam toda a cidade de Sewell, no mínimo, durante oito meses do ano. Como conta o senhor Eduardo, nosso personagem por lá, mesmo em pleno verão, boa parte da paisagem fica coberta por uma camada branca...

Duas "sewellianas" dão um show à parte no Círculo Social Sewell

Quando soubemos disso, imediatamente nos animamos a ir até lá. Já que não podíamos visitar a cidade, pelo menos ouviríamos algumas histórias interessantes de gente que morou lá durante anos. Aliás, conseguimos mais que isso: conseguimos depoimentos emocionantes de pessoas que nasceram na cidade e passaram a maior parte da vida lá! Mas uma coisa de cada vez...

Primeiro, acho que tenho de descrever meu choque ao me deparar com o "salão de festas" da associação dos "ex-sewellianos". Era um grande espaço vazio – um galpão onde uma série de mesas estreitas unidas formavam um "U". Sentados cá e lá, senhores visivelmente cansados e senhoras da mesma faixa etária, um pouco mais animadas, comiam empanadas mornas ou o prato quente: uma carne assada. O vinho, servido em jarras, era abundante – e foi justamente ele que infundiu uma certa alegria em alguns participantes já no início da noite (a festa havia começado no fim da tarde).

lá e acolá

▶ Essa era a praça principal de Sewell, onde as pessoas circulavam o dia todo. Na varanda da casa ao fundo, uma banda sempre recebia os novos moradores que chegavam de trem (a estação fica logo abaixo). Hoje, a praça abriga alguns escritórios de administração e o museu da história de Sewell.

De um lado da sala, uma foto antiga, em branco e preto, mostrava Sewell como uma paisagem natalina: as casinhas iluminadas eram pontos pretos sobre um fundo branco. Do outro lado, um painel pintado por um artista local, que mostrava cenas da vida cotidiana, evocava os dias de glória da cidade. E foi esse fundo que serviu de cenário para um singelo espetáculo de dança – uma das atrações mais inesperadas que já presenciei.

De repente, duas senhoras que estavam na mesa conosco pediram a atenção de todos – ou melhor, das cerca de trinta pessoas ali reunidas –, tiraram seus pesados casacos, revelaram uma saia de franja rosa-choque sobre uma malha preta de corpo inteiro, colocaram uma flor (também rosa) na cabeça e começaram a dançar. Era um número completamente despretensioso – misto de espetáculo infantil e performance de cabaré –, mas enternecedor. O público, que até então conversava em tom baixo em pequenos grupos, agora se unia num curioso entusiasmo, que logo me contagiou.

Eu, que estava com certa cerimônia de abordar essas pessoas para pedir que contassem histórias do passado – de uma cidade onde passaram parte da vida –, fiquei imediatamente íntimo de todos ali e comecei a colecionar casos e memórias... Tudo com muita nostalgia, é claro, mas sem melancolia. As lembranças que Sewell tinha deixado nessas pessoas eram de um tempo difícil, mas bastante alegre – mesmo descontando-se a inevitável distorção que rememorar os velhos tempos (a cidade ficou quase totalmente vazia no início dos anos 70) sempre traz...

Entre tantas histórias humanas – "Eu me casei lá"... "Estudei minha vida inteira lá"... "Conheci meu marido em Sewell"... "Meus dois filhos

▶ Um dos centros da vida social em Sewell, o *palitroque*, ou boliche, foi um dos lugares que o senhor Eduardo fez questão de visitar com nossa equipe – para lembrar os bons tempos quando era um dos campeões da pista (que hoje foi restaurada, mas não pode mais ser utilizada para jogar).

olha o que eu trouxe de lá...

Gosta de bijuterias de cobre? Então Sewell é o seu lugar. Na única loja da cidade, no andar térreo do museu municipal, você pode encontrar peças de *design* moderno – e até enfeites para a casa nesse metal que não é muito comum a gente ver hoje em dia decorando algum espaço. Mas, fora isso, o que levar de Sewell? É claro que, usando a desculpa de estar no Chile, você poderia trazer um belo vinho de suvenir – mas isso você compra no aeroporto de Santiago... A melhor lembrança, que alguém deve ter tido a ideia de fazer já pensando no turismo, são pequenas reproduções em madeira das fachadas das casinhas coloridas. Eu trouxe só alguns modelos, dos prédios mais curiosos. Mas traria a cidade inteira se eles a tivessem em miniatura...

nasceram na cidade"... –, escolhemos a de um senhor meio curvo, de cabeça branca e voz baixa: o senhor Eduardo. Ele nasceu em Sewell em 1911 e passou lá toda a infância (e o começo da adolescência), sem nunca ter descido a Rancagua e muito menos ter conhecido Santiago.

Do que ele se lembra? O que uma visita hoje significaria para ele? O que ele achava de sua cidade natal – hoje "fantasma" – ter se tornado um patrimônio da humanidade? Essas respostas só teríamos no dia seguinte, quando fôssemos até lá com ele. O senhor Eduardo aceitou nosso convite para subir conosco – isso, é claro, se o céu abrisse... Resolvi arriscar e perguntar como era o clima em Sewell, e sua resposta me deixou ainda mais apavorado: "Imprevisível", disse ele. "Houve épocas em que ficávamos semanas, meses, isolados por causa da chuva ou da neve!"

Deitado na cama do hotel, esforçando-me para dormir cedo (já que iríamos acordar cedo para tentar pela segunda vez chegar a Sewell), essa frase do senhor Eduardo era como uma assombração reverberando pelas paredes, mais forte que o vento que assobiava pelas frestas da janela...

Dia 3

Milagre! Milagre! O dia amanheceu esplendoroso: azul, azul, azul! Seria possível que, cá embaixo, em Rancagua, ele estivesse assim, azulzinho, e lá em cima nublado? Não, não... não seria! Estamos agora no mesmo portão de acesso a Sewell – e hoje o movimento é bem mais intenso. Claro! Afinal, agora todo mundo está subindo. A estrada está um pouco molhada, é verdade. Mas o fluxo é bom, vamos embora!

Acordamos bem cedo para nos preparar e pegar nosso personagem, o senhor Eduardo, que vai conosco até Sewell. Para nós, tudo é novidade – especialmente depois desse portão de acesso. Para ele, é quase uma rotina. Já faz anos que ele não o atravessa todos os dias, mas Eduardo ainda se lembra das idas e vindas diárias entre Rancagua e Sewell no início dos anos 70. Aliás, ele se lembra até de antes, de um tempo em que a viagem de trem demorava quase um dia inteiro. Ou antes ainda, quando apenas cavalos e carroças chegavam lá em cima – e que a jornada levava uma semana, ou mais.

Mas a primeira memória dele é de brincar pelas escadas de Sewell durante toda a infância. O senhor Eduardo nasceu na cidade – apenas alguns anos depois de a própria cidade ter "nascido". E, pela dificuldade de transporte, viveu ali mesmo toda a infância. Só aos 11 anos teve a chance de descer e conhecer outra cidade: Rancagua. Depois, durante toda a adolescência, o "mundo lá embaixo" era uma exceção – uma visita esporádica e, talvez, o sonho de uma vida melhor. Ou não... Como ele conta durante nosso percurso até sua cidade, as lembranças de Sewell são de dificuldades – isolamento, frio, distância –, mas também de muitas alegrias.

(...)

Ainda não chegamos a Sewell, mas já se pode ver a cidade. Assim, cercada de neve, com suas casas coloridas, a primeira imagem é a de uma grande árvore de Natal incrustada na montanha branca. Ontem, na foto que vimos na festa, ela era apenas um jogo de claro e escuro. Mas agora, com a ajuda do sol radiante, a cidade parece brilhar lá no alto. E se não tivéssemos a certeza de que ela está desocupada, poderíamos imaginar ali uma atividade intensa.

Mas Sewell já não está ativa há anos. A mina de cobre em torno da qual a cidade foi criada já quase não tem nada a oferecer. A exploração do metal agora acontece em outros pontos da montanha – mais abaixo –, e, embora a entrada principal da "época de ouro de Sewell" ainda exista, funciona mais como um monumento – assim como as casas, que, restauradas, refletem suas cores para nós.

lá e acolá

▶ E sobe escada... e desce escada. Quem sabe esse não é o segredo da saúde do seu Eduardo (à esquerda), que visitou Sewell com a gente. Como ele lembra, até a "ambulância" da cidade – uma maca, carregada por duas pessoas – tinha de enfrentar esses degraus gelados numa emergência.

Zeca e o senhor Eduardo na pista do antigo boliche

Estamos na entrada mais ativa das minas de cobre. Já passamos por outros prédios e tubulações coloridas no caminho entre aquele portão de acesso e este lugar de onde escrevo. Como conta o senhor Eduardo, era para cá que o pessoal de Sewell descia para jogar futebol (de fato, a entrada da mina é uma das poucas áreas planas – uma raridade aqui nos Andes – capaz de conter um campo de futebol). Parece meio longe da própria cidade que vemos lá em cima. Mas para as pessoas que moravam lá, acostumadas com as escadas de Sewell, o que era uma descidinha (e depois uma subidinha) mais puxada se a recompensa era uma boa pelada?

(...)

Não foi difícil imaginar o que acontecia naquela casa onde uma placa bem em cima da porta continha a palavra *"palitroque"*. Não que eu seja um profundo conhecedor do castelhano – falo até bem, mas vocabulário sempre é uma busca infinita... Mas é que os desenhos logo abaixo da palavra não deixavam dúvida: ali era o antigo boliche. E foi ali que o senhor Eduardo quis fazer a entrevista. Aliás, nada mais natural, uma vez que, nos velhos tempos, ele era um ás das pistas (de dança também, mas as de boliche eram mesmo a sua paixão...).

Hoje restaurado, o espaço é um dos mais bonitos de Sewell – e também um dos mais evocativos de um tempo em que por estas ruas e escadas (sempre escadas...) circulavam pessoas. Hoje, somos praticamente os únicos seres a circular pela cidade. Confesso que a sensação não é muito agradável. Olhar dentro das casas e não ver nada

– não ver ninguém... Alguns poucos funcionários cuidam de um museu (com fotos dos anos 20, 30, 40, 50...) e sua lojinha de suvenires. Soube que havia um certo movimento num refeitório (onde comeríamos depois), para os poucos homens que ainda circulavam pela antiga mina. De resto... só nosso grupo: eu, Ian, Lúcio, nosso guia e o senhor Eduardo. Era esquisito.

Nossa sorte foi que as lembranças desse septuagenário eram vivas o suficiente para animar nosso espírito. Eduardo falava da animação do boliche – perdão, *"palitroque"*! – e também dos bailes na sede social de Sewell. Cinema era um acontecimento (fiquei contente em saber que, no esforço de transformar a cidade num polo turístico, há projetos de um hotel-butique e um centro de entretenimento). Escola, namoros, casamento, filhos, tudo foi vivido nesta cidade que, hoje, parece de brinquedo, mas que, como tantos patrimônios que visitamos, já cumpriu todo um ciclo de existência...

(...)

Almoçamos tarde no refeitório da cidade. Não que tivéssemos muitas opções. Mesmo nos seus tempos áureos, Sewell não tinha o que se conhece hoje como restaurante – um lugar onde a gente pode se distrair, e experimentar alguma coisa diferente do que se come em casa. Ali, naquele isolamento, era a comidinha de todo dia ou o refeitório da mina. Fiquei um pouco mais curioso sobre a rotina da cidade. Nunca houve carros em Sewell – não havia ruas "formais", apenas calçadas (e escadas, claro!). Quer fazer uma visita a um amigo? Prepare as botinas para não escorregar na neve (que cobre tudo durante a maior parte do ano).

lá e acolá

▶ Uma maquete no museu da cidade – um dos poucos prédios em funcionamento atualmente por lá – nos dá uma ideia de como Sewell era distribuída na época do seu apogeu (quando chegou a ter 15 mil habitantes), com prédios residenciais, escolas, hospital e centros recreativos.

Escola? Vá andando – isto é, subindo... Havia um hospital? Havia, é claro, mas não havia ambulância, e o doente era carregado numa maca até lá – mesmo nas piores emergências. Não era uma vida fácil...

Mas era uma vida singular (e, por isso, fica fácil entender por que Sewell tornou-se um patrimônio da humanidade). Claro que hoje ela só existe na memória de quem ainda está vivo, como o senhor Eduardo. Será que as novas gerações – filhos e netos de sewellianos, ou mesmo novas famílias que vieram de outros cantos do Chile para trabalhar na mineração – vão se lembrar de contar essas histórias?

Nos poucos minutos que nos restavam ali, antes de descer para Rancagua, dormir, voltar para Santiago e pegar o voo de volta para o Brasil, resolvi dar um passeio sozinho por Sewell. Um bom lugar para meditar – foi a primeira coisa que me veio à cabeça. Claro que esse clima zen só existe agora – jamais quando, para não perder tempo nem dinheiro, as extrações aconteciam em turnos que ocupavam o dia todo. Afastando-me um pouco do centro – e dos meus colegas e entrevistados –, experimentei uma sensação curiosa, que geralmente costumo associar a lugares distantes e de culturas bem diferentes da minha – nos confins dos sudeste asiático, por exemplo.

Era uma sensação de poder – mas não que eu estivesse me sentindo poderoso. Era como se a dádiva que é ser humano, algo em que raramente paramos para pensar, mais uma vez estivesse sendo revelada diante de mim. Nesse lugar de que – admito – nunca havia ouvido falar, eu encontrava mais um exemplo do que nossa criatividade, nossa determinação, nossa intensidade e nosso esforço são capazes de fazer.

Senti que começava a tremer, mas não era de frio. Sim, a temperatura já estava caindo – o sol ainda brilhava, mas cada vez mais fraco. Só que eu tremia de prazer. De estar vivo. E de ser parte de tudo isso.

Dez países, tantos outros lugares incríveis, e um bom punhado de histórias para contar, Muitas delas – que nem chegaram a entrar na série da TV – você acompanhou aqui no relato desta aventura. Meus colegas, Ian e Lúcio, certamente têm as suas lembranças e suas lições desta incrível experiência. E as minhas? Bem, convido você a virar mais uma página para que eu possa dividi-las com você...

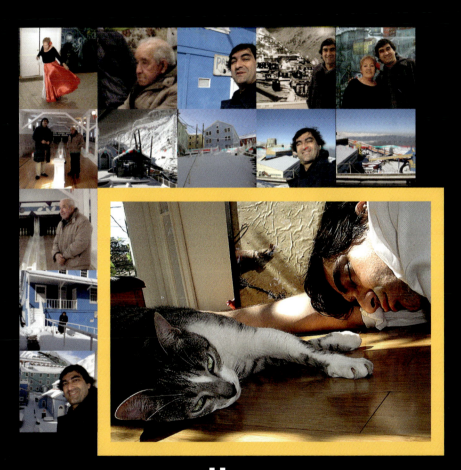

de sewell para...
CASA!

quando será a próxima?

LÁ PELO FINAL DO CAPÍTULO sobre Sgang Gwaii, o patrimônio da humanidade que visitamos no Canadá, cheguei a esboçar, no meu "diário de bordo", a intenção de "digerir" essa segunda volta ao mundo. Mas justamente porque ainda a estava vivenciando, era quase impossível tirar alguma "filosofia" de tudo o que havíamos experimentado. Então, joguei essa "responsabilidade" mais para a frente – justamente para esta parte do livro, que costumamos chamar de epílogo.

Estou aqui me perdendo em metalinguagens de propósito. É uma muleta para tentar esconder o fato de que mesmo agora, depois de ter escrito todo o livro, depois de ter editado toda a série na TV, depois de ter repassado, "com a cabeça mais fria", todas as experiências da viagem, ainda não encontro as palavras justas para expressar o que tudo isso significou para mim.

Por que dar outra volta ao mundo? Por que a necessidade de conhecer gente diferente? Por que – num questionamento ainda mais importante – a necessidade de mostrar isso para tanta gente? Que sentimentos, que emoções, posso acrescentar à bagagem trazida da primeira travessia? Quem dera tivesse respostas precisas para essas perguntas... O que tenho são mais esboços, tentativas de explicar a imensidão do que vivemos, porém, tão inconsistentes quanto as explicações para meu choro em vários momentos das gravações, sempre na hora de usar a expressão "isso aqui é seu".

Ali estava eu, em Timbuktu, Luang Prabang ou Borobodur – lugares aonde a gente não vai todo dia. Por um impulso inexplicável, levei o prazer da minha profissão – reportar – a extremos do nosso planeta. E, ao perceber isso, ficava tão emocionado que um enorme nó na garganta quase me impedia de dizer uma simples frase... Talvez eu sentisse, nesses momentos, que aquele lugar onde eu estava, aquele solo onde eu estava pisando, fosse realmente meu. Mas eu já não sabia disso desde a minha partida? Então, o que me fazia chorar? Como já escrevi, não tenho uma resposta clara para essa pergunta. Mas cheguei ao fim de um livro que conta uma vivência extraordinária. Então, por respeito a você, que me acompanhou até aqui, e também na tentativa de preencher um espaço dentro de mim, aqui vai uma última tentativa.

Disse na introdução que talvez a lição mais imediata desta segunda volta ao mundo tenha sido abandonar velhas certezas para abraçar um conceito maior: o de ser humano. Este é um bom ponto de partida para um balanço geral (e certamente um avanço em relação à descoberta, registrada no livro sobre a volta ao mundo de 2004, de que não viajo para ver monumentos, mas sim para ver gente). Mas vamos avançar mais um pouco...

Cada novo país que conheço, cada nova cultura em que penetro, nunca é um acontecimento isolado. Esses registros são cumulativos – e talvez porque neste último projeto tenhamos insistido tanto em registrar os lugares que visitamos através das histórias das pessoas que conhecemos por lá, a ligação entre essas experiências pareceu ainda mais forte e óbvia. A cada escala, eu sentia que podia me conectar com cada uma das pessoas que encontrei, que cada uma daquelas biografias era também um pouco minha. Se era eu o viajante, o passageiro, e ela o nativo, pouco importava: no momento da entrevista, ou mesmo da conversa informal, tínhamos um assunto em comum. E daí a identificar todo um passado era um passo...

Padre Damjan, no Kosovo. Astmani, em Kilwa. Phew, em Luang Prabang. Susan, em Rose Harbour. Inspirei-me na fé do primeiro. Emocionei-me com o orgulho do segundo. Torci para a vida do terceiro melhorar. E me identifiquei com o desprendimento da quarta. Se encontrei alguma coisa de mim nesses quatro personagens incríveis que encontrei (e poderia citar outras ligações com cada uma das pessoas com quem cruzamos desta vez), quero acreditar que eles também encontraram alguma coisa deles em mim.

E, para resumir uma infinidade de interpretações de toda a viagem em uma só ideia, acho que foi essa estranha conexão universal que me fez voltar para casa tão poderoso: eu poderia ser qualquer um deles, e qualquer um deles poderia ter a minha história. Não somos todos um só?

agradecimentos

Para fazer justiça a uma história em que a narrativa se constroi a partir do legado dos seres humanos, eu teria de começar agradecendo a todos os que foram importantes para a feitura deste livro – e desta série. A todos mesmo: eu teria que deixar aqui meu obrigado para o mundo todo. Literalmente. Inclusive você, que tem o livro nas mãos. Assim, deixo registrada minha gratidão geral!

Mas devo um agradecimento especial às pessoas mais diretamente envolvidas neste projeto, a começar pelas duas pessoas que, como se diz no altar, estiveram sempre comigo "na alegria e na tristeza" de cada etapa que fomos cumprindo: meus grandes companheiros de equipe, o repórter cinematográfico Lúcio Rodrigues e o produtor Ian Bennett. Todos os elogios à qualidade das imagens de um e à capacidade de "colocar as coisas em pé" do outro não serão suficientes para expressar o companheirismo absoluto durante a jornada. Valeu, amigos – e como!

O quarto "mosqueteiro" responsável pela qualidade do que mostramos no *Fantástico* em "Isso aqui é seu" é o editor de imagens Rafael Norton. Apesar de não nos ter acompanhado, tenho certeza de que ele viajou até mais do que nós por esses patrimônios da humanidade. Rafa, você sabe a admiração que tenho por você.

Nos quase dois anos de preparação para esta volta ao mundo, a paciência e a dedicação de Léia Paniz na produção de projetos especiais do *Fantástico* foi fundamental – Léia, eu lhe agradeço carinhosamente! Agradeço também o emprenho de nosso gestor, Flávio Pujol, que supervisionou todas as negociações, sabiamente de olho no orçamento. Mais uma vez, o apoio e o incentivo da direção do jornalismo da TV Globo, na figura de Carlos Henrique Schoroder, nos ajudaram a levar o projeto adiante. E se existe alguém a quem não me canso de agradecer pela generosidade, sabedoria, orientação, entusiasmo – e até pela amizade com a qual ele me honra –, é Luiz Nascimento, diretor do *Fantástico*. Já são treze anos que trabalhamos juntos – treze anos de admiração absoluta pelo seu trabalho e de inúmeras lições que recebi de como fazer um jornalismo moderno, relevante e consequente (e vamos para a próxima!). Obrigado, Luiz.

Nesta segunda volta ao mundo tivemos ainda o privilégio de uma parceria única: com a UNESCO, guardiã dos patrimônios da humanidade espalhados pelo mundo. Com o aval dessa instituição de inegável valor e reputação internacional, nossa viagem ganhou outro peso – e, no longo período de gestação da série, quando foi preciso escolher os lugares que deveríamos visitar e os princípios gerais pelos quais deveríamos nos pautar (como já foi dito, valorizando sobretudo o ser humano por trás dos tesouros visitados), pudemos contar com a orientação preciosa de pessoas tão empenhadas quanto nós em preservar nossa cultura.

Logo de início, o projeto foi abraçado, na sede da instituição em Paris, por Marcio Barbosa, diretor-geral adjunto da UNESCO – um brasileiro que é o número 2 da organização no mundo. Ainda na capital francesa, contamos com o apoio de Nuria Sanz, especialista do programa do Centro do Patrimônio Mundial; de Francesco Bandarin, diretor do Centro do Patrimônio Mundial; e de Antônio Otávio Sá Ricarte, conselheiro da delegação permanente do Brasil junto à UNESCO. A receptividade que essas pessoas – e, em especial, Marcio Barbosa – demonstraram nos abriu portas em todos os lugares por onde passávamos.

Também no nosso país, o representante da UNESCO no Brasil, Vincent Defourny, colocou toda a sua equipe à nossa disposição: Jurema Machado, coordenadora do setor de cultura da UNESCO no Brasil, Ricardo Medeiros Coelho de Souza, do setor de cultura; Rosana Pereira, oficial de projetos do setor de ciências humanas e sociais; Ana Lucia Guimarães, assessora de comunicação da UNESCO no Brasil; e Fábio Eon, chefe de gabinete do representante. Acompanhando tudo isso – não apenas como a brilhante articuladora que é, mas também como minha amiga pessoal e entusiasta de primeira quando o assunto é a valorização do ser humano –, minha querida Marlova Jovchelovitch Noleto, coordenadora do setor de ciências humanas e sociais da UNESCO no Brasil.

E, para terminar, tenho de agradecer mais uma vez ao meu círculo querido de familiares e amigos. São eles que me levam em frente, que me acompanham – mesmo à distância – nos percursos mais bizarros, e que têm, ainda que de maneira espontânea, um papel importantíssimo num livro como este: foi recontando para eles as aventuras (e sobretudo as desventuras) da viagem que esta narrativa foi se lapidando. Das risadas que demos juntos saíram as melhores passagens. O prazer da minha vida é cultivar momentos assim. Em especial, quero agradecer a Fernanda, cujas ofertas para me ajudar numa primeira leitura eu tive de malandramente driblar para não sobrecarregá-la; e ao Denis, que, apesar de acompanhar de perto cada movimento desta aventura, nem sonha quanto foi (e é) importante para que eu sempre busque novas inspirações.

A todos vocês, eu convido: vamos para a terceira?

Copyright © 2009 by Editora Globo S/A para presente edição
Copyright © 2009 by Zeca Camargo
Copyright © 2009 by TV Globo Ltda.

GLOBO LIVROS
Diretora da Unidade de Livros: Sandra R. Ferro Espilotro
Editores: Aida Veiga e José Godoy
Assistentes editoriais: Paula Korosue e Juliana Maria de Vargas Ferreira
Produtor gráfico: Rogério Luiz dos Santos
Assistente de arte: Clayton da Silva Viana
Analista de direitos autorais: Melissa R. Arnal da Silva Leite

Coordenador (TV Globo para a série Fantástico): Alberto Villas
Edição de texto: Eliana Rocha
Revisão: Silvana Marli de Souza Fernandes
Projeto gráfico, paginação e capa: epizzo
Fotos: Ian Bennett e Zeca Camargo

Isso aqui é seu (série da TV no Fantástico):
Editor de imagem: Rafael Norton
Produção: Ian Bennett e Leia Paniz
Imagens: Lúcio Ribeiro
Direção musical: Rodrigo Boecker
Logotipo: Flávio Fernandes/Max Loeser

Texto fixado conforme as regras do novo Acordo Ortográfico da Língua Portuguesa (Decreto Legislativo n°. 54, de 1995).

Todos os direitos reservados. Nenhuma parte desta edição pode ser utilizada ou reproduzida – por qualquer meio ou forma, seja mecânico ou eletrônico, fotocópia, gravação etc. – nem apropriada ou estocada em sistema de banco de dados, sem a expressa autorização da editora.

EDITORA GLOBO S.A.
Av. Jaguaré, 1485 – São Paulo, SP, Brasil
05346-902
www.globolivros.com.br

Dados Internacionais de Catalogação na Publicação (CIP)
(Câmara Brasileira do Livro, SP, Brasil)

Camargo, Zeca
   Isso aqui é seu : a volta ao mundo por patrimônios da humanidade / Zeca Camargo. -- São Paulo : Globo, 2009.

ISBN 978-85-250-4649-9

1. Camargo, Zeca 2. Viagens - Narrativas pessoais I. Título.

09-01283   CDD-910.4

Índices para catálogo sistemático:
1. Relatos de viagens 910.4
2. Viagens : Relatos 910.4

Impressão e acabamento: Prol Editora Gráfica

Licenciamento: